本书受河南科技大学
校学术著作出版基金资助！

中国科技哲学研究书系

中国农业巨灾保险制度研究

ZHONGGUONONGYE JUZAI BAOXIAN ZHIDU YANJIU

邓国取◎著

中国社会科学出版社

图书在版编目（CIP）数据

中国农业巨灾保险制度研究／邓国取著．—北京：中国
社会科学出版社，2007.11
ISBN 978-7-5004-6538-6

Ⅰ．中…　Ⅱ．邓…　Ⅲ．农业－灾害保险－制度－
研究－中国　Ⅳ．F842.66

中国版本图书馆 CIP 数据核字（2007）第 174530 号

策划编辑　冯春凤
责任校对　郭　娟
封面设计　回归线视觉传达
版式设计　王炳图

出版发行　中国社会科学出版社
社　　址　北京鼓楼西大街甲 158 号　　　　邮　编　100720
电　　话　010—84029450（邮购）
网　　址　http：//www.csspw.cn
经　　销　新华书店
印　　刷　北京新魏印刷厂　　　　　　装　订　广增装订厂
版　　次　2007 年 11 月第 1 版　　　　印　次　2007 年 11 月第 1 次印刷
开　　本　880×1230　1/32
印　　张　8.5　　　　　　　　　　　　插　页　2
字　　数　212 千字
定　　价　20.00 元

序　言

　　欣然阅读了邓国取博士所撰《中国农业巨灾保险制度研究》的书稿。在我的视域中，这是我国巨灾保险方面的第一部专著。

　　在中国的现代化建设进程中，"三农问题"一直是党和政府关注的焦点之一，也是和谐社会建设的主要工程。对农业巨灾，这种最具有不可抗力的重大事件保险制度展开研究，探讨建设针对于此的高效运作、监管有力的保险市场，构建反应迅速、保障有力的风险防范体系，是社会主义新农村建设的重要课题。作者为此付出了很多。

　　由于我国的地域辽阔，气候复杂，使我国农业巨灾的种类繁多，频率加大。加之区域经济水平和抗灾能力的巨大悬殊，也增加了课题研究的难度系数。本书将我国农业保险制度的困境归结于"一元化"的制度保险模式，提出把农业巨灾保险从现有的保险体系中独立出来，建立我国"二元化"的制度保险模式：一般性农业保险采取政府支持下的商业化运作模式，巨灾农业保险则采取政策性运作模式。这是一个制度设计上的大胆探索，反映出作者可贵的创新精神。

　　此外，本书在农业巨灾保险制度模式、农业巨灾保险组织管理体系、农业巨灾保险产品定价、农业巨灾风险分散管理体系等方面进行了深入的思考，一些观点如短期、中期和长期的我国农业巨灾保险的制度模式、农业巨灾保险的四级组织管理体系、"四位一体"的农业巨灾风险分散管理体系、农业巨灾保险产品体系、农业巨灾保险的触发条件和农业巨灾保险保费地区差异补贴办法等，不仅具有方法论的指导意义，而且在实践方面提供了科学的路径选择方案，值得政府与保险业去认真的思考与践行。

　　此书能够在中国社会科学出版社出版，不仅是作者这些年来学术研究能力与水平的标志，而且也是他下一个阶段研究的起点。作为作者的学兄以及所属学院的领导，欣喜之余，更希望他能在此领域中有更大的进展。

席升阳

河南科技大学经济与管理学院院长、博士、教授

2006 年 9 月 23 日

内容摘要

农业巨灾保险是一个全球性的问题，是保险业正在拓展的一个新领域，也是保险理论研究的一个新课题，这是基于巨灾在全球的频繁发生以及由此而造成的巨大的财产损失、人员丧亡和保险公司巨额保险损失。我国是农业巨灾频繁而又严重的国家，农业巨灾给人民生命财产造成严重损失，而我国目前还没有建立农业巨灾保险体系，农民面对农业巨灾，缺乏基本的生产和生活保障。所以，农业巨灾保险制度的研究具有非常重要的理论意义和现实意义。

本书针对我国农业巨灾保险制度建设的问题展开了研究，以期为我国农业巨灾保险制度建设提供支持。为此，本书重点对为什么要建立农业巨灾保险制度、我国目前是否具备建立农业巨灾保险制度的条件、应该选择什么样的目标模式和怎么构建我国农业巨灾保险制度等四个问题进行了深入思索和研究。主要得出了以下的结论：

1. 我国是农业巨灾频繁而又严重的国家，农业巨灾给人民生命财产造成严重损失，而我国目前还没有建立农业巨灾保险体系，农民面对农业巨灾，缺乏基本的生产和生活保障。所以，农业巨灾保险制度的研究具有非常重要的理论意义和现实意义。

2. 基于对转移和分散农业巨灾风险四种途径在我国的基本情况的分析，发现自我救助、政府救济、民间捐助和现有保险，特别是农业保险对于有效转移和分散农业巨灾风险的作用不大，影响有限。建立"三农"的社会保障与风险转移机制为我国农业巨灾保险的制度建设提供了难得的历史机遇。我国农业巨灾风险的偶然性、可计算性、标的损失的大量性和损失的纯粹性等情况说明了我国农业巨灾保险的可能性。我国农业巨灾保险可行性的分析表明：我国的农业巨灾保险需求逐年上升，农业巨灾保险的潜在需求量远远大于实际供给量；尽管实际供应量变化不大，但潜在的供应量却在不断增加。同时，国外巨灾保险的理论和实践为我国保险业提供了很好的技术支持和借鉴。

3. 通过对我国农业保险制度的回顾和分析，认为我国农业保险制度困境在于"一元化"的制度保险模式，提出了建立我国"二元化"的制度保险模式。即把农业巨灾保险从现有的保险体系中独立出来，将农业保险分为农业巨灾保险和一般性农业保险分开进行经营。一般性农业保险可以采取政府支持下的政策性商业化运作的模式，巨灾农业保险则应该采取政策性运作的模式。

4. 探讨了我国农业巨灾保险制度建设的基本内容，包括建立农业巨灾保险法律，建立农业巨灾保险四级组织管理体系，确立农业巨灾保险产品体系，明确农业巨灾保险的触发条件，合理规范农业巨灾保险保费补贴办法，形成较为完善的农业巨灾保险支持体系，确立合理的农业巨灾保险产品定价，建立"四位一体"的农业巨灾风险分散管理体系。

具体内容如下：

第一章，绪论。本章是对论文的整体规划，它在确立论文研究主题的基础上，通过对国内外研究动态的分析，确定了论文的研究思路、研究内容和研究方法，并对本书可能的创新之处做了说明。

第二章，农业巨灾经济影响分析。农业巨灾是指小概率且一次损失大于预期、累计损失超过保险主体（主要有农户、农业保险公司或政府）承受能力的事件。中国是一个农业巨灾频发的"饥荒之国度"，农业巨灾灾种多、灾害后果严重。农业巨灾呈现出发生频率上升、受灾和成灾面积不断扩大和巨灾损失空前加剧等基本规律。农业巨灾的经济影响分析表明：农业巨灾直接的经济损失有不断上升的趋势，农业巨灾直接影响到我国的粮食安全，且对我国财政的负面影响仍然很大。

第三章，农业巨灾保险现状及困境。我国农业巨灾保险的实践发展经历了试水、恢复、不断萎缩三个阶段。损失补偿水平很低、损失不堪重负、农业保险产品规避或严格限制农业巨灾风险、经营主体缺失和农业巨灾风险管理不合理等是我国农业巨灾保险的现状。研究表明，系统性风险、信息不对称和正外部性是各国农业巨灾保险面临的困难和问题，我国农业巨灾发展还受到制度成本约束和农业保险资源的约束。

第四章，农业巨灾保险可行性分析。基于对转移和分散农业巨灾风险四种途径在我国的基本情况的分析，发现自我救助、政府救济、民间捐助和现有保险，特别是农业保险对于有效转移和分散农业巨灾风险的作用不大，影响有限。建立"三农"的社会保障与风险转移机制为我国农业巨灾保险的制度建设提供了难得的历史机遇。我国农业巨灾风险的偶然性、可计算性、标的损失的大量性和损失的纯粹性等情况说明了我国农业巨灾保险的可能性。我国农业巨灾保险可行性的分析表明：我国的农业巨灾保险需求逐年上升，农业巨灾保险的潜在需求量远远大于实际供给量；尽管实际供应量变化不大，但潜在的供应量却在不断增加。同时，国外巨灾保险的理论和实践为我国保险业提供了很好的技术支持和借鉴。

第五章，国外农业巨灾保险制度及其启示。尽管世界各国的农业巨灾保险制度各不相同，但是总体而言，各国政府在农业巨灾保险中均起到支配和导向的作用，高度重视农业巨灾保险在国民经济中的重要作用，准确把握农业巨灾保险的功能定位，从法制建设着手，并依托政府建立适合国情的农业巨灾保险体系，坚持循序渐进、边际调整的原则，国家投入资金支持农业巨灾保险业务，强制或鼓励农民参与农业巨灾保险，不断进行农业巨灾保险产品及衍生产品的创新。这些都为我国农业巨灾保险制度的建设提供一定的参考。

第六章，农业巨灾保险制度模式。我国政策性农业保险体系构建的基本思路是要打破目前"一元化"的农业保险体系，逐步建立和完善"二元化"的农业保险体系。即把农业巨灾保险从现有的保险体系中独立出来，将农业保险分为农业巨灾保险和一般性农业保险分开进行经营。一般性农业保险可以采取政府支持下的政策性商业化运作的模式，巨灾农业保险则应该采取政策性运作的模式。

根据农业保险和巨灾保险的一般理论和我国农业保险的现实，应该选择政策性农业巨灾保险制度模式。就政策性农业巨灾保险制度而言，主要有四种类型。在具体制度模式选择上，主张根据我国社会、政治和经济的发展，结合金融市场的完善状况，综合农业保险公司的保险承保能力、保险产品和巨灾保险风险管理水平等，在不同的历史时期和不同的发展水平阶段，我国农业巨灾保险的制度模式应该有短期、中期和长期的差异。

第七章，农业巨灾保险产品定价。以小麦为例，在切比雪夫大数定律的基础上，主张在我国采取单一农作物一切险和单一牲畜死亡一切险的保险方式。根据美国农业综合作物保险纯保险费率的厘定办法，结合相对比值计算的保险费率的方法，对其进行修正，确定我国农业巨灾保险保费的厘定办法。根据公式计算了全国各省小麦保险费率，其结果用于小麦作物保险费率区划。

第八章，农业巨灾保险制度风险分散管理技术。基于我国农业巨灾保险的重要性和特殊性，需要创新管理手段，革新管理工具，构建我国农业巨灾保险风险分散管理体系，即通过自有资本、外来资金、再保险和农业巨灾保险证券化等建立"四位一体"的农业巨灾保险风险分散管理体系。在分析和评价四种技术的基础上，提出了农业巨灾保险风险分散管理的策略：自有资本要稳健发展，外来资金要鼓励发展，再保险应积极发展，证券化应该有条件地发展。

第九章，农业巨灾保险制度管理体系。通过对我国农业巨灾保险制度管理体系的探讨，勾画出我国农业巨灾保险制度管理的基本框架，以此推动我国农业巨灾保险制度建设。在缺失农业保险和农业巨灾保险的相关法律和法规的情况下，以"二元化"（农业巨灾保险和一般性农业保险）农业保险体系来构建我国农业保险的基本制度，可以考虑优先出台《农业巨灾保险法》。就立法目标、立法原则、农业巨灾保险性质、组织制度安排、保险产品、风险管理、投保方式等问题确定法律依据。农业巨灾保险组织管理体系的初步设想是在原中国农业发展银行的基础上，组建中国农村金融总公司，采用国家控股公司的经营模式。主要经营政策性农业贷款和农业巨灾保险业务。下设省（自治区、直辖市）、地（市）和县（市）三级分支机构。我国农业巨灾保险产品体系的设计应该按照农区、牧区和水产区三个大区，涵盖国计民生的种植业、养殖业和水产业的主要农作物、畜产品和水产品，开发单独农产品巨灾"一切险"。为了方便操作，便于管理，主张把农业巨灾保险触发条件定为损失的50%，可以按产量（或收入）进行计算。根据东部、中部和西部地区的经济发展状况和农民的富裕程度，考虑实行差额保费补贴。

目　　录

第一章 绪 论

我国是农业巨灾频繁而又严重的国家，农业巨灾给人民生命财产造成严重损失，而我国目前还没有建设农业巨灾保险体系，农民面对农业巨灾，缺乏基本生产和生活的保障。农业巨灾保险在我国建设社会主义新农村的伟大进程中应肩负的重任不仅表现为建立起较为完善的社会保障体系，逐步实现向全社会提供全面完整、运作有效、反应迅速、保障有力的风险防范的服务，还要建成成熟发达、高效运作、监管有力的农业巨灾保险市场。本章主要介绍了研究背景、研究意义、国内外研究动态、研究思路、研究方法等几个方面的问题。

1.1 研究背景

1.1.1 巨灾保险是一个全球性的新课题

巨灾保险问题（包括农业巨灾保险）是一个全球性的问题，是保险业正在拓展的一个新领域，也是保险理论研究的一个新课题，这是基于巨灾在全球的频繁发生以及由此而造成的巨大的财产损失、人员丧亡和保险公司巨额保险损失。

1.1.1.1 巨灾造成了巨大的财产损失和人员丧亡

从全球的角度来看，每年都会发生几百起巨灾，造成巨大的财产损失和人员丧亡（见表 1 - 1）。发生的频率越来越高（见图 1 - 1），造成的财产损失越来越大（见图 1 - 2），伤亡的人数波动比较大（见图 1 - 3）。

表 1 - 1　　　　　　1997—2003 年全球巨灾统计表

年份	发生次数	财产损失（亿美元）	丧亡人数
1997	216	300	13000
1998	700	900	50000
1999	326	1000	105423
2000	351	380	17400
2001	315	350	33000
2002	700	550	11000
2003	380	650	20000
2004	366	1050	21000
2005	400	2300	97000

资料来源：根据 *Sigma* 杂志整理。

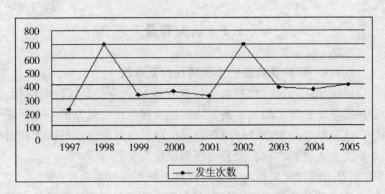

图 1 - 1　1997—2003 年全球巨灾发生频率

资料来源：根据 *Sigma* 杂志整理。

1.1.1.2　全球巨灾使保险公司屡受重创

过去三十多年间频繁爆发的自然灾害在给受灾地区的经济发展和社会生活带来重大损失的同时，也使全球保险人和再保险

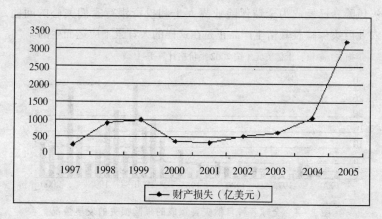

图 1 - 2　1997—2003 年全球巨灾损失

资料来源：根据 *Sigma* 杂志整理。

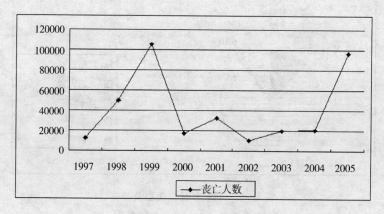

图 1 - 3　1997—2003 年全球巨灾丧亡人数

资料来源：根据 *Sigma* 杂志整理。

人屡受重创（见图1-4）。在巨灾损失的类型里，主要以风暴、地震、洪水等自然巨灾和人为巨灾为主（见图1-5），重大灾害事件造成的损失金额日益攀升，令保险业界人士寝食难安，如何化解巨灾风险，已经成为全球保险业界人士和投资银行家们关心的问题，农业巨灾保险及其衍生产品正是在这样的大背景下应运而生的。

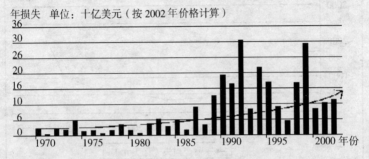

图1-4　全球各种自然灾害造成的保险损失的发展情况

资料来源：Swiss Re 数据库。

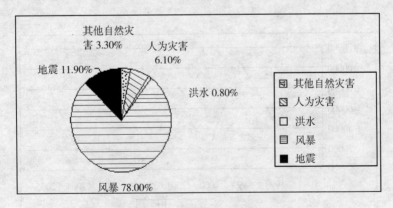

图1-5　2004年巨灾类型及损失

资料来源：Swiss Re 数据库。

1.1.2 我国是一个农业巨灾频繁而又严重的国家

每年都有一些地区遭受干旱、洪涝、滑坡、泥石流、台风、冰雹、霜冻、森林火灾、禽流感、沙尘暴和病虫害等灾害的袭击，地震灾害也时有发生，给人民生命财产造成严重损失（见表1－2）。

中国幅员辽阔，地理气候条件复杂，自然灾害种类多且发生频繁，除现代火山活动导致的灾害外，几乎所有的自然灾害如水灾、旱灾、地震、台风、风雹、雪灾、山体滑坡、泥石流、病虫害、森林火灾等，每年都有发生。自然灾害表现出种类多、区域性特征明显、季节性和阶段性特征突出、灾害共生性和伴生性显著等特点。

表 1－2　　　　　2001—2005 年全国灾情情况统计

灾情指标 年份	受 灾 人 口 （万人）	死亡人口 （人）	紧急转移 安置人口 （万人）	农作物受 灾面积 （千公顷）	农作物绝 收面积 （千公顷）	倒塌房屋 （万间）	直接经 济损失 （亿元）
2001	37255.9	2538	211.1	52150.0	8215.0	92.2	1942.2
2002	42798.0	2384	471.8	45214.0	6433.0	189.5	1637.2
2003	49745.9	2259	707.3	54386.3	8546.4	343.0	1884.2
2004	33920.6	2250	563.3	37106.0	4360.0	155.0	1602.2
2005	37255.9	2538	211.1	52150.0	8215.0	92.2	1942.2

资料来源：根据《中国民政事业发展统计报告》（2001—2005）整理。

中国是世界上自然灾害损失最严重的少数国家之一。一般年份，全国受灾害影响的人口约2亿人，其中因灾死亡数千人，需转移安置 300 多万人，农作物受灾面积 4000 多万公顷，成灾2000 多万公顷，倒塌房屋 300 万间左右[1]。随着国民经济持续高速发展、生产规模扩大和社会财富的积累，灾害损失有日益加重的趋势。灾害已成为制约国民经济持续稳定发展的主要因素之一。从灾害区划来看，全国有 74% 的省会城市以及 62% 的地级以上城市位于地震烈度 VII 度以上危险地区，70% 以上的大城市、半数以上的人口、75% 以上的工农业产值，分布在气象、海洋、洪水、地震等灾害严重的地区[2]。

所以，为了有效分散、转移和化解我国日益严重的农业巨灾风险，促进灾后恢复重建工作，保障农民基本的生产和生活，农业巨灾保险应该承担起历史使命。

灾害综合风险管理已经纳入国家十一五发展规划，中央有关部门和地方各级政府将尽快进行减灾规划的制定，不断强化各级政府的减灾能力建设，落实将减灾纳入社会和谐发展的各项措施，农业巨灾保险是其中一项非常重要的手段。

1.1.3 我国现行农业巨灾风险管理存在明显的缺陷

我国自然灾害发生的频率趋于加快，受灾的范围越来越广，极大地影响了人民的正常生活。所以，建立农业抗灾减灾系统性工程具有非常重大的现实意义。现阶段，我国是以民政救济为主体的农业抗灾减灾机制，面对巨灾虽然各部门也进行了协调处理，但离建立起一套有效的巨灾防御应对体系还相距甚远。民政救济的资金来源主要是依赖财政拨款和民众募捐。我国现阶段财政紧缺是不争的事实，即使是重灾的拨款也必然有限；而民众捐款难以保证按时按量筹集到所需的资金，就使巨灾后的资金援助捉襟见肘，仅能满足灾民的日常生活补助，对于社会生产力的恢复则心有余而力不足。

以 2004 年台风"云娜"对浙江造成影响为例。从 8 月 11 日8 时至 13 日晚 8 时，台风"云娜"造成浙江省直接经济损失 181亿元，但此次理赔金额为 16.6 亿元，只相当于经济损失的

9.1%。台风过后，国家民政部、水利部、财政部紧急安排4600万元特大自然灾害救灾资金和1500万元水毁工程修复补助资金，浙江省政府也紧急安排了4000万元的应急救灾资金。同时，省民政部门统计，已接收捐款1500万元。总计1.16亿元的财政救济与捐助，加上16.6亿元的保险理赔，仍不到181亿元直接损失的10%，弥补缺口相距甚远[3]。

现阶段我国商业保险公司（主要指财险公司）提供的各类险种中却没有专门针对自然灾害损失设立的险种，只是在部分险种（如家财综合险、机动车辆险、家庭财产险等）中对于由于雷击、暴风、龙卷风、暴雨、洪水、海啸、地陷、冰陷、崖崩、雹灾、泥石流、滑坡所引致的保险标的损失进行赔付，其余险种则将自然灾害引起的损失作为免赔责任。地震则被所有险种都列为免赔范围，只在少量建工险中作为附加险，且须报公司管理层审批。而自然灾害影响最严重的农业保险的种类和保额逐渐减少，萎缩态势明显，用保险公司自己的话来说是"多做多亏，少做少亏，不做不亏"[3]。

但随着生活水平的提高，人们的风险保护意识也在增强，特别是"靠天吃饭"的农民对于商业巨灾保险的需求有增无减。然而保险公司不愿承保也有自己的苦衷。首先，自然巨灾往往会引起大量不同险种标的同时损失，从而使保险公司的偿付能力面临极大的压力；其次，国内保险公司的资本单薄且再保险能力不足，使得它们在承保巨灾风险时"底气不足"；再次，巨灾保险产品的定价也是一大难题。作为商业主体，保险公司必须自负盈亏，自然会趋利避害，在未能充分分散巨灾风险的前提下，没有一个商业保险公司愿意承担这种"致命"的风险。过去的财政型保险公司认为"保险和财政是两个口袋倒钱"，所以以低费率承保巨灾风险，而亏损则少向财政缴款。而现在金融型商业保险公司要提供巨灾保险首先要保证不亏本，其次还要有一定赢利，这必然要求新费率要大大高于过去的费率。然而，农民的财力有限，大部分人是交不起高保费的，这就出现了两难局面。

因此，加快我国农业巨灾保险体系的建设，尽快确立符合我国基本国情和农业生产特点的农业巨灾保险战略措施，对于平抑农业生产风险、提高农村防灾防损能力及灾后恢复能力、维护农村社会稳定具有十分重要的作用，同时对于保持我国国民经济持续、健康、稳定发展，具有极其重要的意义。

1.1.4　农业巨灾保险是中国保险业近期发展的重点之一

2004 年年初，中国保监会对未来中国保险的发展提出了具体的规划，明确今后中国保险业大体分三步走[4]：

第一步：巨灾保险。

在 2004 年 3 月的全国"两会"上，全国政协委员戴凤举领衔呼吁，应对巨灾保险，必须尽快建立起我国的巨灾保障制度。中国人民大学保险系博士后郑飞虎认为，由于自然环境发生了变异，巨灾保险的发生数量与种类会越来越多。巨灾保险出现的不确定性及造成的集中损失额的巨大，不仅使得商业保险的经营面临创新与突破，而且也应当引起政府在政策上的考虑与设计。

对于巨灾保险，保监会已经开始进行研究，目前正在着手研究地震保险制度和农业保险制度，而从今年开始，我国的地震保险开始进入实质性研究阶段，目的是建立一个相对科学的、完善的地震保险体系。这项工作由保监会牵头，会同保险公司、专家学者，借鉴国外的经验，在与国家地震局、税务总局、财政部等有关部委进行合作磋商的基础上，着手制定中国的基本财产地震保险制度。

第二步：农业保险。

保监会通过调研、分析国外的经验，分析中国农业生产力的发展水平，希望能在最短的时间内拿出一个可操作性的、相对完善的方案设想，旨在建立一个科学的、有效的农业保险机制。

第三步：洪水和风暴等巨灾保险的研究。

我们将借鉴国外的经验，分析中国的自然灾害分布状况，考察保险需求，在此基础上，协调有关部委，听取保险公司的意见，研究制定这两个方面的可实施的保险保障体系。

总的来说，在未来两到三年时间内，农业巨灾保险是我国保险业工作的重点，通过努力把我国巨灾保险制度的框架建立起来，使保险业服务于国民经济，服务于社会稳定，服务于改革开放，这是中国保险业一个总的目标。

1.2　研究意义

在我国开展农业巨灾保险为防范农业巨灾风险开辟新的途径，能有效地分散和转移农业巨灾风险，推动和完善我国保险制度和体制建设，有助于社会主义新农村的建设，适应全球保险市场一体化，提升我国保险公司的市场竞争实力。所以，我国开展农业巨灾保险具有重大的理论和现实意义。

1.2.1　理论意义

第一，从理论上明确在我国开展农业巨灾保险的必要性、重要性和可行性，统一思想，达成共识。

第二，对农业巨灾保险品种设计、保费补贴和保险品种定价模型等进行探讨，为我国农业巨灾保险提供理论支持。

第三，积极探索我国农业巨灾保险制度模式，探讨符合我国国情且与世界接轨的农业巨灾保险体制。

第四，探讨我国农业巨灾保险风险分散管理体系及管理技术。在评价的基础上，制定相应的发展策略，并对农业巨灾保风险分散管理技术进行有效的选择和应用。

1.2.2 现实意义

第一，给有关政府部门和保险公司等部门提供决策支持，积极推动我国农业巨灾保险实践。通过农业巨灾保险法律、组织管理体系、产品设计、触发条件、保费厘定、保费补贴等问题的探讨，明确我国农业巨灾保险制度建设的基本内容，为相关部门的决策提供支持。

第二，为我国分散和转移农业巨灾风险开辟新的途径。依靠传统的财政拨款和社会募捐，事实证明不能有效地化解农业巨灾风险，且容易滋生腐败，造成效率低下。而现行的商业保险又在体制和机制上回避了农业巨灾保险，所以开展农业巨灾保险，建立"二元化"的我国农业保险体制，完善我国农业巨灾保险制度就成为必然，农业巨灾保险的开展为我国分散和转移农业巨灾风险开辟新的途径。

第三，促进我国农业的稳定、持续、健康发展，推动社会主义新农村建设。农业作为我国的基础产业，其稳定发展对社会的安定团结、经济的健康发展有重要作用，然而我国又是世界上自然灾害严重的国家之一。针对这个问题，我们应该借鉴国外巨灾保险的经营模式，结合我国的实际国情从而构建出一种新型的农业巨灾保险保障模式，以此来分散和转移农业巨灾风险，化解自然和市场双重风险，促进我国农业的稳定、持续、健康发展，推动社会主义新农村建设。

第四，适应全球保险市场竞争，提升我国保险公司的实力。尽管经过改革开放20多年以来的发展，中国金融保险业的国际竞争力还是相对落后，加入世界贸易组织之后，最为迫切的问题之一就是如何面对来自国际金融市场的挑战。通过借鉴和创新国际先进技术经验，开展农业巨灾保险业务，在一定程度上增强我国保险业和我国保险公司的竞争实力。

1.3　国内外研究动态

国外巨灾保险的理论研究始于 20 世纪初期，巨灾保险的实践尝试开始于 20 世纪 30 年代，但大规模的巨灾保险特别是巨灾保险风险证券化是在 20 世纪 70 年代。因此，国外不论是巨灾保险理论还是巨灾实践相对而言是比较发达和成熟的。

1.3.1　国外研究现状

理论上，研究巨灾保险的工具是决策论、概率论和数理统计。决策论侧重于从保险人、被保险人和政府对巨灾保险的偏好入手，研究巨灾保险市场特征，如巨灾保险需求与供给、合理的定价和转移方式等等；概率论和数理统计侧重于研究巨灾损失分布的重要类型、巨灾保险中个体保险损失或理赔之间的相关性、渐近理论、破产概率等统计性质[5]。目前，巨灾保险理论研究主要有以下几个方面（栾存存，2003）。

1.3.1.1　巨灾保险的理论框架

巨灾是小概率大损失的保险事件，显著特点是突发性和破坏性。巨灾事件引起的个体保险损失或理赔之间不是相互独立而是具有较强的正相关性，这与保险的分散保险基础理论"大数定律"相矛盾；同时，巨灾保险可以在短时间内猛烈地冲击保险公司和保险市场，引发连锁理赔反应，这与保险业务普遍具有的长期性特点相矛盾。因此，巨灾的发生可以轻易打破保险公司常规经营，加速保险公司破产。据 A. M. Best 统计，1969 年到 1998 年美国由于巨灾损失而破产的保险公司占破产保险公司总数的 6%，仅次于由保险准备金不足和企业增长过快引发的破产[6]。

自 1961 年 Karl H. Borch 将 J. Von Neu－mann 和 O. Morgenstern

创立的期望效用理论（Expected Utility Theory）引入保险经济学以来，保险各个领域研究都是在期望效用理论框架下进行的，即假设保险人和被保险人的保险偏好满足"独立性公理"，从而两者分别存在唯一效用函数或效用函数族[7]。但是，随着人们对"独立性公理"的质疑，保险和不确定性决策理论在 20 世纪 80 年代得到了突飞猛进的发展，先后建立了对偶理论（Dual Theory）、预期效用理论（Anticipated Utility Theory）和序数效用理论（Rankdependent Utility Theory）[8]。决策理论的发展与完善使巨灾保险研究突破期望效用理论，充分体现巨灾保险特点，解决巨灾保险相关问题成为可能。

首先，一个重要阶段性成果来自于 Wang，Young 和 Panjer（1997），它标志着在一个更为广泛的决策空间中讨论和研究保险问题的开始[9]。Wang，Young 和 Panjer 用对偶理论建立了保险定价公理化体系，确定了满足共同单调性的个体保险的价格，以及最优再保险形式。共同单调性是指多个个体保险均与同一个保险有关，并随着它的变化而同向变化，即个体保险 X_1，X_2，A，X_n 满足 $X_i = f_i (Z)$，其中，$f_i (Z) \geq 0$，$i = 2$，$\cdots$，n，Z 是保险。显然，地震和洪水等巨灾引起的个体保险损失或理赔满足共同单调性，巨灾再保险中的分出保单与分入保单也满足共同单调性。尽管共同单调性是保险相关性的最简单描述，但是，由它得到的保险失真定价法与传统保险定价法有着本质区别，前者更加重视分析损失分布的尾部，而这一点正是巨灾保险的突出特点，因为人们对巨灾损失超过某一界限的情况更感兴趣。其次，当个体保险属于同一分布族时，由共同单调的个体保险组成的聚合保险模型的保险最大，相应的保险价格最高。这反映了与一般性保险业务相比，保险公司承保巨灾保险和再保险公司分保巨灾保险的成本都是非常高的。

此后，Denuit，Dhaene 和 Van Wouve（1999）和 Luan

（2001）将巨灾保险理论框架又拓展到预期效用理论[10]，得到了均值失真保险定价原则及其优良的精算性质和分保方式。由于预期效用理论包含期望效用理论和对偶理论，因此，这一拓展为协调巨灾保险和非巨灾保险提供了理论上的支持。

1.3.1.2 巨灾保险的市场偏好

巨灾对整个社会的危害是巨大的，保险是基于人们对保险的厌恶，那么，市场对巨灾保险反映又如何呢？Eeekhoudt 和 Collier（1999）论证了如果一个投保人是厌恶保险的，那么，面对两个具有相同期望损失的事件，为其中的大概率事件投保而不为小概率事件投保是不明智的，相对而言，此时小概率事件就是巨灾。换句话说，他们说明了保险是处理巨灾保险最适当的保险管理工具，并且该结论在期望效用理论和对偶理论下都成立。但事实上，与其他保险相比，人们对巨灾保险的感知并没有想象的那样敏感[11]，Kunreuther，Novemsky 和 Kahneman（2001）通过对比实验说明要刺激和加深人们对巨灾保险的认识程度，就必须尽可能多地提供巨灾保险相关信息，只有这样，人们才能产生巨灾防范意识，进而购买巨灾保险。这一结论也为期望效用理论和对偶理论下保险厌恶程度不具有可比性提供了实验性证据[12]。

另一方面，与非巨灾保险业务不同，巨灾保险很容易受到其他保险转移方式的侵蚀。人们总是倾向于低估巨灾发生概率，等待政府、社会组织和他人的救济与援助，不愿意自己购买巨灾保险。在绝大多数人看来，补偿自然灾害甚至人为灾祸等巨灾造成的损失应该是政府的事情，因为巨灾保险对于一个地区甚至一个国家而言是一种公共保险，个人和企业已经向国家纳了税，那么，巨灾损失补偿就应该属于国家公共项目支出，而不是由个人和企业另行购买保险，缴纳双重税。例如，Browne 和 Hoyt（2000）在分析美国洪水保险购买力一直处于低水平的原因时，除了肯定诸如某些地区发生洪灾可能性很大和洪水保险价格相对较高等因素之外，还特别强调了美国民众的"慈善危害"（Charity Hazard）——面临保险的人们试图从朋友、社区、非营利机构或者政府紧急援助计划中得到捐款来弥补损失[13]。

实际上，政府转移巨灾保险的作用也是有限的。经典经济理论中，政府的保险态度是中性的，政府是处理保险最为有效的经济体，不需要支付超过平均损失的费用就可以转移保险。但是，Freedom（2001）在向世界银行提交的一份关于发展中国家如何处理自然灾害报告中指出，由于发展中国家缺乏充足的巨灾准备金，这些国家的政府对巨灾保险的态度会有所不同[14]。如果根据巨灾损失标的不同将巨灾保险细分为基础设施保险、政府投资项目保险、人员失业和贫困人口生活保险等，那么，有针对性地采取不同方式规避保险，就有可能降低整体巨灾规避成本。但是，适用于发达国家的解决方案在发展中国家可能不起作用，例如，发达国家可以通过高税收方式把巨灾对政府投资项目的保险分散给每一个纳税人，达到保险转移目的。在发展中国家，高税收无疑会增加人民和企业负担，那么，发展中国家会转向国际金融机构以贷款方式来缓解内部危机，通常情况下贷款代价很昂贵，极易形成巨额外债保险。可以说到目前为止，无论是发达国家还是发展中国家，政府是否能够真正规避巨灾保险依然是一个有待解决的问题，"美国国家洪水保险项目"就是一个例子。

1.3.1.3　巨灾保险的统计问题

利用概率论和数理统计，建立巨灾保险模型、模拟巨灾保险情景、研究巨灾损失分布的尾部特征、计算保险公司破产概率、比较巨灾保险的大小、确定巨灾再保险的最优方式等都是巨灾保险统计问题的具体内容。由于需要较为深厚的数学、统计和其他自然学科知识，这部分研究逐渐脱离实际保险原型，被赋予了带有数学色彩的理论研究价值，成为概率论和数理统计一个十分活跃的应用性学术领域，其中，巨灾保险统计性质研究一个重要共识是对巨灾保险来说，平均超额损失函数比保险中经常用来度量保险的停止损失函数更有意义，因为保险公司和再保险公司承保巨灾保险时存在着不能忽视的较高免赔额和自留额[15]。

1.3.1.4 巨灾风险证券化

巨灾风险证券化是在资本市场上基于巨灾风险分散和转移技术发展的结果。风险证券化是由一个证券发行人（保险人或再保险公司）直接或间接向第三方投资者发行一种特殊类型的证券的行为，此类证券的收益情况取决于保险人对某种特定风险的赔付金额。从 1996 年至今，全球约发行了 126 亿美元的风险证券化产品[16]。近年来，各保险公司纷纷开发了一系列金融工具把保险风险转嫁到资本市场上。目前，世界上主要的风险证券化产品包括[17]：

（1）巨灾债券（Catastrophe Bonds）

巨灾债券是一种特殊形式的公司债券，要求投资者在特定情况下放弃部分本金和利息。典型的巨灾债券发行过程如下：首先由 SPV 与原保险人达成一项再保险合约，然后立刻向投资者发行债券。如果没有损失事件发生，投资者将会获得本金返还和一系列息票，作为对使用他们的资金和承担风险的补偿；如果事先约定的风险发生了，投资者的本金和利息将会相应受损。这笔资金支付给原保险人，以履行再保险合同。巨灾债券是一种最常见的风险证券化产品，销售量接近全部风险证券化产品的一半。

（2）巨灾期权（Catastrophe Options）

美国的芝加哥贸易委员会依据承保的灾难性损失，利用几家主要财产保险公司的 9 个保险品种项下的申报损失，设计出了一个指数。巨灾期权就是以该指数为基础的期权合同。保险公司、再保险公司和其他投资者可以通过买进和卖出这种合同，来分散巨灾损失的风险。

（3）巨灾保险期货（Catastrophe Insurance Future）

巨灾保险期货作为指数期货的一种，与商品期货交易的基础不同，它交易的对象不是某种有形的资产或商品，因此，它不能用商品现货市场交易时使用的标价单位来计价，而只能用标的的指数来计价，用"点数"来表示指数水平，点数的计算是由美国保险服务事务所（ISD）负责的。

（4）巨灾互换（Catastrophe Swaps）

所谓互换就是两种不同金融工具间一系列的现金流的交换。巨灾互换指的是当特定的事件导致的巨灾损失率、特定的巨灾指数或传统超赔再保险的起赔点达到合同约定的额度或条件时，可以从互换对手处获得现金用于巨灾赔偿。

（5）巨灾股票卖权（Catastrophe Share Options）

买卖双方首先签订合约，根据合约，卖权购买者，一般为保险公司，支付一定的卖权权利金给卖权出卖者，约定当保险公司所承担的巨灾保险损失超过一定数额的时候，可以向卖权卖出者行使权力，也就是说以约定的价格将保险公司的股票出售给卖权卖出者，从而将取得的资金用于巨灾损失的赔付。

（6）应急资本（Contingent Capital）[18]

应急资本的购买者有权在某一事先议定的事件发生后，在固定的时间内以固定的价格发行及出售证券。这种证券可以是股票、债券或是股票和债券的混合体（如可转换公司债券）。比如说，保险公司可以购买这样一种权利，如果与巨灾相关的损失超过一定范围，该公司则有权以事先约定的价格向投资者发行证券。应急资本的主要特点是依照事先约定的条件筹措资金，把保险事件作为附加的触发原因，筹措资本的先决条件是保险损失的发生。

（7）巨灾权益卖权（Catastrophe – Equity – Puts）

巨灾权益卖权是应急资本的一种具体交易形式，它具有权益证券和金融衍生工具卖方期权的特征。具体而言，巨灾权益卖权是指保险公司在购买这种期权后，当巨灾损失超过期权合约议定额度时，保险公司可以按预定价格向投资者出售其股份，包括优先股和普通股；保险公司也可以将投资者持有的债券转换为股份，以补充资本。

（8）行业损失担保（Industry – Loss Warranties）

行业损失担保是设计用来使保险公司和再保险公司避免由于巨灾风险导致公司偿付危机的一种金融工具。一旦某个巨灾风险造成的损失达到了约定保险行业的整体损失，且超过一个合同约定的触发条件以后，可以向卖权卖出者行使权利，从而有效规避一定比例的风险。

1.3.2 国内研究现状

我国学术界对巨灾保险的关注始于 20 世纪末，历史非常短，目前主要集中在以下几个方面进行研究。

1.3.2.1 巨灾保险的定义、特点

巨灾是指由自然灾害或人为祸因引起的大面积的财产损失或人员失踪伤亡事件（沈湛，2003），它会造成一定地域范围内大量的保险标的同时受损，引发巨额的保险索赔[19]，而给保险业经营稳定带来巨大影响的风险（君承玲，2003）。也有从保险风险的角度进行定义。冯玉梅（2003）认为：巨灾是与保险公司的偿付能力相比较而言的。保险公司总的偿付能力表现为自有资本、公积金和各种准备金，其中公积金和各种准备金为其一般偿付能力[20]。导致保险公司保险赔款过多地超过其一般偿付能力的风险称为巨灾。巨灾分为常态巨灾和异态巨灾。

巨灾风险的基本特征（谢家智和蒲林昌，2003）表现为：一是巨灾风险的客观性，二是巨灾损失的不确定性，三是巨灾损失规模特别巨大，四是巨灾风险的低概率特征[21]。

1.3.2.2 巨灾保险的必要性

中国是世界上自然灾害较为肆虐的国家，20 世纪全世界 54 个最严重的自然灾害中，有 8 个发生在中国。其中，以地震、洪水、台风带来的损失最为惨重[22]。

近 10 年来，自然灾害每年给中国造成的经济损失都在 1000 亿元以上，常年受灾人口达 2 亿多人次。1998 年长江、松花江、嫩江的特大洪水，1999 年太湖流域的洪涝灾害，1999—2001 年严重的持续干旱，再加上台风、地震等灾害，巨灾实际上给人民群众生命财产造成的损失远远超过这个数字[23]。

但在中国，相关防范巨灾风险的基本险种却是寥寥无几。目前，我国大灾之后损失的恢复基本上是靠国家财政和民间捐助。因此，从供需来看，我国巨灾保险供给缺口很大。在中国保监会主席吴定富看来："保险以其特有的经济补偿和防灾防损作用，在防范灾害事故的发生、减少自然灾害损失、保障人民生命财产安全和提高人民生活水平等方面大有可为。"[24]

1.3.2.3 巨灾保险发展模式

对我国巨灾保险的模式问题是我国巨灾保险研究的一个非常重要的方面，一直没有停止过，期间不少学者对这个问题发表了自己的观点。

(1) 商业主导模式

李炳圭、薛万里 (1997) 和沈湛 (2003) 对我国商业保险公司经营巨灾保险的可行性进行了探讨[25][19]。认为在我国开展商业性巨灾保险有三个方面的原因：

其一，在地震等巨灾保险中，国家事实上充当了"最终保险人"的角色。因此，商业性地震保险的灾后经济补偿不论其规模大小，都发挥着减轻国家财政负担的作用。

其二，建国以来至 1995 年《保险法》公布前后，我国保险业基本上沿用原苏联的一揽子责任的保险模式，各种财产险保单和人身意外伤害险保单项下的基本责任都包括了地震风险责任，尽管其做法有种种不尽如人意之处，但它在抗震救灾中发挥的经济补偿作用是非常重要的。

其三，国外巨灾保险的实践提醒我们，外国的保险同行在行动，我国保险业同仁没有理由也没有时间犹豫了，尤其是在这个优胜劣汰的竞争年代。我国保险业已经走了太多曲折的路，失去太多的发展机会，在经营地震巨灾保险方面与发达国家相比已经有了不小的差距，唯有努力，才能防止已有的差距被再次拉大。

（2）政府主导模式[26]

王和（2004）认为：在我国经济体制的改革和完善过程中，特别是在进一步转变政府职能、推动公共财政制度改革的过程中，一些人片面地认为政府就应当简单地退出。在这种思想的影响下，巨灾保险制度的建设似乎就成了商业保险公司的事。从市场经济制度的原理看，社会巨灾保险属于公共或准公共产品范畴，这种产品的供给需要公共资源的配给，而政府是掌握和控制公共资源的主体，离开了政府，或缺乏政府的实质和有效推动，巨灾保险制度的建设就是一句空话。

（3）混合模式[27]

赵苑达（2003）主张借鉴日本地震保险制度的经验。我国地震保险制度的建设，应将居民家庭财产地震保险与企业财产地震保险严格区分开来，居民家庭财产地震保险由商业保险公司与政府共同充当承保主体，企业财产地震保险则由商业保险公司单独承担保险责任；直接规定统一的绝对额作为居民家庭财产的最高承保限额，并从实际情况出发，在承保额上有一定的差别；设立专业地震再保险公司，合理划分商业保险公司与政府的保险责任；设立独立的险种，在既定承保限额内单独承保居民家庭财产的地震风险；尽可能降低居民家庭财产地震保险的费率水平，并对不同风险区域实行差别费率；将财政补偿基金纳入保险补偿基金渠道，并按保险的原则和方式加以运用；政府应设立专项再保险会计账户，对政府地震风险准备金的提存和使用实行特别管理；对企业财产地震风险政府不承担保险责任，但对经营企业财产地震保险业务的保险公司，应实施必要的监管。

此外，恐怖主义事件与巨灾保险衍生品、巨灾保险产品经济学分析、巨灾保险产品的定价问题、GIS 在巨灾保险风险管理中的应用研究等问题是巨灾保险研究的主要内容[27][28][29][30]。

1.3.2.4　我国灾害学的蓬勃发展

我国灾害学的蓬勃发展为我国处理巨灾性质保险业务提供了一个良好的保险评估基础。我国巨灾保险方面研究开始于 1986 年，从自然科学领域出发，以地震保险为代表。中国保险研究所、中国人民保险公司联合国家地震局和国家科委等多部门共同分析我国地震灾害损失分布情况，估计了地震灾害最大可能损失，提出了几种地震保险方案，绘制了我国地震保险纯费率图，构建了地震保险管理系统保险模型框架等（姜立新等，1997）[31]。这一切都伴随着并且得益于十多年来我国灾害学发展与进步，特别是灾害保险评估理论与技术的发展和创新，只有有了科学的自然灾害评估理论和技术，我国保险业承保巨灾保险才能有章可循、有的放矢。但是，如何将灾害学成果和技术转化成应对巨灾保险的具体保险技术和策略，还需要进一步研究与合作[32]。

总体看来，我国巨灾保险的理论研究时间很短，才刚刚起步，目前主要以介绍国外的巨灾保险相关理论为主，以探讨巨灾的现状、存在的问题为主线，结合我国巨灾开展的必要性等问题展开。总体看来，我国巨灾保险研究处在一个初期发展阶段。

今后，我国巨灾保险的理论研究应该突破浅层次的研究，向纵深的方向发展，主要集中在：巨灾保险制度和机制的探讨；巨灾保险产品及其衍生产品的研究；巨灾保险证券化的研究；巨灾保险的相关研究，主要包括巨灾保险的发展战略、策略和措施研究，巨灾成灾及分布研究，巨灾保险的承保能力和分保技术研究，巨灾保险的市场供给和需求分析，购买巨灾保险产品的相关行为研究等。

1.4 研究思路

本书将农业巨灾保险置于国民经济发展的大背景下进行研究，注重将经济学、统计学、制度经济学、博弈论等有关理论运用到农业巨灾保险可行性、制度模式的研究中去。同时也借鉴和引用了西方相关的一些具体的理论与分析方法。本书从我国农业巨灾的现状着手，对农业巨灾的经济影响进行了分析，探讨了农业巨灾保险的必要性、可能性和可行性。分析了国外农业巨灾保险的实践和理论，提出了我国农业巨灾保险的制度模式。对农业巨灾保险制度的主要内容、农业巨灾保险产品定价和农业巨灾保险风险分散管理技术等问题进行探讨，同时对我国农业巨灾保险制度管理体系的内容，包括法律、组织管理体系、产品体系设计、触发条件、保费补贴和支持体系等进行了探讨。本书的研究技术路径如图1-6所示。

1.5 研究方法

在研究方法上，本书采用理论与实际相结合、演绎和归纳相结合、定性研究和定量分析相结合和比较研究与综合分析相结合等多种方法，力图通过简明有效的研究方法将问题讨论清楚。

（1）注重理论与实际相结合。本书在选题上紧扣当前农业发展过程中的矛盾和问题，具有鲜明的时代特征。研究中涉及许多农业巨灾保险热点问题，如农业巨灾保险组织管理体系设计、

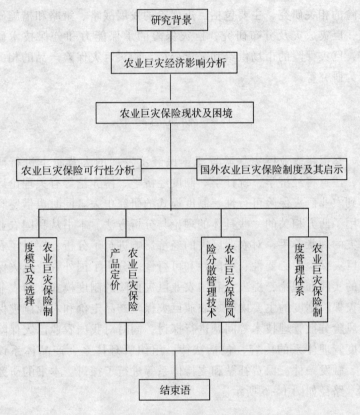

图1-6　本书的研究技术路径

产品设计、定价模型、制度模式等。针对这些问题，提出了一定的见解和思路。

（2）演绎和归纳相结合。在本文的第四章里，通过对我国农业巨灾保险的必要性、可能性和可行性的分析，认为在我国开展农业巨灾保险是可行的。

（3）定性研究和定量分析相结合。在我国农业巨灾保险的经济影响分析、现状分析和农业巨灾保险产品定价等问题的研究过程中，在做定性研究的同时，结合定量分析，得出了一些基本的结论。

（4）比较研究与综合分析相结合。在第五章的研究中，做了有针对性的国际比较分析。西方发达国家的巨灾保险已经开展了20多年，积累了比较成熟的经验。借鉴其成功经验，对于探索我国农业巨灾保险制度模式，使我国农业巨灾保险业在发展中少走弯路具有重要的意义。

1.6 本书的可能创新之处

（1）通过对我国农业巨灾保险现状的分析，认为我国农业保险制度困境在于"一元化"的制度保险模式，提出了建立我国"二元化"的制度保险模式，即把农业巨灾保险从现有的保险体系中独立出来，将农业保险分为农业巨灾保险和一般性农业保险分开进行经营。一般性农业保险可以采取政府支持下的政策性商业化运作的模式，巨灾农业保险则应该采取政策性运作的模式。

（2）主张选择政策性农业巨灾保险制度模式，但在具体制度模式选择上，主张根据我国社会、政治和经济的发展，结合金融市场的完善状况，综合农业保险公司的保险承保能力、保险产品和巨灾保险风险管理水平等，在不同的历史时期和不同的发展水平阶段，设计了短期、中期和长期的我国农业巨灾保险的制度模式。

（3）在综述和评价国外农业保险和巨灾保险定价理论和模型的基础上，以小麦为例，对我国农业巨灾保险产品定价进行了讨论。根据公式计算了全国各省小麦保险费率，其结果用于小麦作物保险费率区划与保费厘定。

（4）设计了"四位一体"的农业巨灾风险分散管理体系，并对四种农业巨灾风险分散管理技术（自有资本、外来资金、再保险和农业巨灾保险证券化）进行了分析和评价，提出了自有资本要稳健发展，外来资金要鼓励发展，再保险应积极发展，证券化应该有条件地发展的我国农业巨灾保险风险分散管理的策略。

（5）设计了农业巨灾保险的四级组织管理体系，探讨了农业巨灾保险产品体系，明确农业巨灾保险的触发条件（50%）和农业巨灾保险保费地区差异补贴办法。

第二章 农业巨灾经济影响分析

    我国学术界对巨灾的影响研究是从灾害学的角度进行分析，以孕灾环境、承灾体、致灾因子和区域灾害系统为主要分析模块，侧重于灾害实时评估和灾害灾后评估。事实上这些评估主要以模型为主，实证研究的非常少；以理论探讨为主，实际的应用研究非常少，没有多大的实际价值。

    本章在农业巨灾定义和数量刻画的基础上，探讨了农业巨灾的特点和分类。对我国农业巨灾进行综合区划研究，并以洪灾为例，对我国历史洪灾情况进行分析，着重探讨洪灾的经济影响。

2.1 农业巨灾定义及其数量刻画

    巨灾（Catastrophe，简称 CAT）在全球（包括中国）频繁的发生，造成巨大的财产损失和人员伤亡，也使全球保险人和再保险人屡受重创。巨灾保险制度建设、巨灾保险产品及其衍生产品开发等应运而生。但在此过程中，不难发现一个基本的问题往往被人忽视，那就是巨灾定义的还不明确，划分的标准和差异分歧比较大。巨灾的定义不仅仅是我们进行理论研究的基础，更为重要的是它直接影响到保险公司合理确定"触发条件"（trigger condition)①、经营战略、风险规避、巨灾保险品种及其衍生产品的界定、开发，也直接影响到巨灾保险制度的建设，具有非常重要的意义。

巨灾作为一种极为特殊的风险，国际保险界对巨灾没有统一定义，各个国家根据本国实际情况在不同历史时期对巨灾进行定义和划分。

2.1.1　巨灾定义

巨灾一词来源于古希腊语，原意是流星（falling star），后来它派生出两个不同的词意，一个是衰落（down – turning），一个是悲惨的结局（the denouement of tragedy）[33]。巨灾思想的雏形可以追溯到很早以前，然而真正针对巨灾的特性及其大小，运用科学的方法进行研究乃是近代发生的事情。

2.1.1.1　巨灾的定性描述

对巨灾的定性描述是国内外巨灾定义研究的一个非常重要的方面。不少学者从巨灾发生的原因着手进行定义。有的学者认为巨灾是外部力量作用的结果[34]，Gilbert（1998）描述的三个关于巨灾的基本观点中，其中两个就属于此。第一个观点认为巨灾是外部作用的结果，受到影响的人们只不过是被动的环境变化的牺牲品，这个观点的极端看法是认为巨灾是上帝的行为（acts of God）。第二个观点认为巨灾是社会发展逻辑的必然结果，是社会发展进程中的回报[35]。

也有不少研究者是从结果的角度来进行定义的。Y. M. Ermoliev,

---

①　也称为触发机制，是指在保险产品合约有关条款中规定的权利执行或义务履行的要件，如果在保险存续期间发生特定事件，保险主体就依照合约规定，履行合约。可以说，一项保险产品能否成功发行，很大程度上取决于触发机制的选择是否适当。

T. Y. Ermolieva 和 G. J. Macdonald 等人（2000）认为巨灾是指影响不同地区，在时间和空间上相互作用产生巨大损失的事件[36][37][38]。

更多研究者是从原因和结果的角度进行定义。Anthony Oliver - Smith（1998）认为巨灾是一个过程或事件，是来自自然演变、环境变化、社会人口以及经济产品相互发生作用的负面产物，它是能够对个体的相对满意和社会物质存在、社会秩序和方式等传统习惯产生破坏的事件[39]。

Russell Dynes（1998）从经济学的角度进行了分析，认为巨灾是一个被标准化的定义，指的是当我们受到威胁的时候，社会需要采取额外的保护措施，让我们能够从被感知的存在的社会资源获益的情况[40]。T. L. Murlidharan（2003）的研究表明，巨灾是一个低概率的大损失事件（包括生命和财产损失）。对地区资源和社会经济过程产生制约作用，结果是低收入国家被迫借贷或大量减少储蓄来恢复经济。他认为巨灾潜在的损失可以分为三类：一是直接的资本损失，如生命、建筑物、工厂、商品、股票等；二是间接的收入损失，如产品和服务中断；三是次要的产量损失，主要是指对长期经济绩效的影响[41]。

2.1.1.2 巨灾的定量研究

与定性研究不同，有些学者特别是保险公司对巨灾的定义采用了定量研究的方法。但在具体的定义过程中，其标准有比较大的差异。

J. David Cummins，Neil Doherty 和 Anita Lo（2001）等人认为，巨灾就是像诺斯（Northridge）地震和安德鲁（Andrew）飓风那样每次给保险业带来超过 100 亿美元损失的事件。他们主要从一个地区和国家保险资金的巨灾保险能力进行刻画，并提出了一个地区和国家保险资金的巨灾保险能力模型[42][43][44]。

标准普尔（1999）把巨灾定义为一个或一系列相关风险事

件导致保险损失超过 500 万美元的巨灾损失，造成这一损失的风险称为巨灾风险[45]。

美国保险服务局（Insurance Service Office ，简称 ISO）财产理赔部将巨灾定义为"导致财产直接保险损失超过 2500 万美元并影响到大范围保险人和被保险人的事件"[46]。

瑞士再保险公司（SWISS RE）将巨灾风险分为自然灾害和人为灾祸，1970 年以来一直根据当年美国通货膨胀率调整和公布全世界巨灾损失情况。瑞士再保险公司每年更新巨灾的范围界定[47]，1999 年瑞士再保险公司对巨灾的界定标准如表 2 - 1。

表 2 - 1　　　　　1999 年瑞士再保险公司对巨灾的界定标准

保险人损失	轮船失事	1310 万美元以上
	航空失事	2630 万美元以上
	其他损失	3300 万美元以上
或者总共损失	6600 万美元以上	
或者人员伤亡	死亡和失踪	20 人
	受　伤	50 人以上
	无家可归	2000 人以上

数据来源：*Sigma*，1999（8）。

国内的一些学者也做了一定的工作，试图给巨灾一个比较明确的定义。冯乃突（2000）认为巨灾的确认采取双因子标定：一是人口直接死亡逾万人；二是直接经济损失亿元以上。张林源（1996）从自然灾害的角度出发，认为巨灾是各类自然灾害中级别最高或接近最高级别的灾害，如果发生在人口稠密或经济发达地区，则死亡人数以万人计，经济损失超过亿元的巨灾标准如下：地震（＞7 级）、洪水（50 年以上一遇）、强台风（风力＞12 级，风速大于 32.6m/s）、大火山、大海啸、大飓风以及大阴星碰撞地球等，而滑坡、泥石流和冰雹等则很少能直接形成巨灾[48]。汤爱平等（1999）人从灾害损失占 GDP 的比例以及重伤和死亡的人数百分比按国家、省（市）和县（市）三级进行了界定[49]（表 2 - 2）。

表 2 - 2　　　　　　　　　巨灾的定义

级　别	国家级	省（市）级	县（市）级
损失占 GDP 比值重伤	$> 2 \times 10^{-5}$	$> 1 \times 10^{-2}$	$> 3 \times 10^{-2}$
和死亡比例（％）	$> 8 \times 10^{-4}$	$> 5 \times 10^{-5}$	> 0.2

资料来源：汤爱平，谢礼立，陶夏新等："自然灾害的概念、等级"《自然灾害学报》，1999，8［3］：61—65。

2.1.2　初步评价

目前学术界和实践部门对巨灾的各种解释和定义，反映了不同学者从不同角度对巨灾的研究成果和对巨灾的认识程度。对巨灾的定义，归结起来有以下两种定义方式：

一是定性的描述。主要是从原因、结果、经济学和保险等方面来进行定义，揭示了巨灾的一些基本特质，比较客观地反映了巨灾风险的特性。但问题是在研究对象主体明确的情况下，无法准确地刻画出巨灾风险大小，给实际操作者（管理者、投保人和保险人等）的巨灾风险管理带来比较大的难度。

二是定量的分析。它是通过风险的损失程度来定义巨灾风险，是一种简洁的定义方法。但巨灾定义的指标和标准差异比较大，有的是用损失（主要物质或人员）本身的大小来衡量，有的是用损失大小与 GDP 或其他指标进行比较。这样看来，定义的标准不同，其主观性和随意性比较大，给我们在进行巨灾保险"触发条件"确定、产品及衍生产品的开发以及巨灾的管理等方面带来相当的困难。

以上的情况表明，有必要寻找到一个既能比较准确、客观描述巨灾风险特质，又能相对科学和可以操作的刻画方法和标准。

2.1.3　巨灾的数量刻画

2.1.3.1　基于概率的巨灾刻画

设 P 是灾害发生的概率，S_L 是一次灾害发生所产生的损失，L_i 是灾害发生概率为 P_i 时所产生的损失。根据期望值理论和古典风险理论，于是就有：

$$S_L^2 = \sum_1^n E\left[L_i - E(L)\right]^2 p_i \tag{2.1.1}$$

$s.t.$

$$L_i - E(L) = \begin{cases} 0, & \text{当 } L_i \geq E(L) \\ -\left[L_i - E(L)\right], & L_i < E(L) \end{cases}$$

只有当 $E(P) \leq P_i$ 且 $E(L) \geq E(L_i)$ 时，我们才能把它定义为巨灾。

2.1.3.2　基于损失的巨灾刻画

在巨灾定义的实际刻画中，我们应该从不同的巨灾承受主体（主要有投保人、保险人和政府）的角度出发来进行分析，所以，这样看来，巨灾就变成一个相对的概念。下面我们以保险公司为例进行分析。

设 P 是灾害发生赔偿的概率，S 是灾害累计赔偿额，F 为保险公司赔款总量分布函数。如果每个个体相互独立，赔偿次数 N 与相互独立，我们可以用卷积法描述灾害累计赔偿额 S 的分布：

$$F_S(S) = P_i[S \leq s] = \sum_{n=0}^{\infty} F^{*n}(S) \cdot P_i[N=n] \cdot P_i[N=n]$$

$$= \sum_{n=0}^{\infty} P[S_1 + S_2 + \Lambda + S_n \leq s] \cdot P_i[N=n] \tag{2.1.2}$$

$P_i[S_1 + S_2 + \Lambda + S_i + \Lambda + S_n \leq s] = F^{*n}(S)$ 为 n 重卷积，故：

$$F_S(S) = P_i[S \leqslant s] = \sum_{n=0}^{\infty} F^{*n}(S) \cdot P_i[N=n] \quad (2.1.3)$$

假设总资本公积金和总准备金分别为 T_e 和 P_c，保险公司总偿付能力为 T_c，则：

$$T_c = T_e + P_c$$

当 $T_c < F_S(S)$

即当 $T_e + P_c < \sum_{n=0}^{\infty} F^{*n}(S) \cdot P_i[N=n]$ 时，才能把其称为巨灾，否则，只能称之为一般灾害，保险公司还可以继续维持经营。

2.1.4 巨灾数量刻画的图例解释

2.1.4.1 基于概率巨灾数量刻画的图例解释

通常来说，一般性灾害的发生概率比较高，但损失不会太大，巨灾则是发生概率低但造成的损失巨大，其概率与损失分布有一定的规律（见图 2-1）。在图 2-1 中，P 是灾害发生的概率，是一次灾害发生所产生的损失。在 S_* 的左边是发生概率比较大但损失一般的灾害，在 S_* 的右边则是发生概率小但损失巨大的灾害。这样我们就可以把 S_* 右边的称之为巨灾，在图 2-1 中，只要当灾害发生概率小于 P_*、造成的损失超过 S_* 的时候，我们才能称之为巨灾。

2.1.4.2 基于损失巨灾数量刻画的图例解释

仍以保险公司为例。从保险公司实务的角度来看，巨灾风险应该是与保险公司的偿付能力相比较而言的一个概念。保险公司总的偿付能力表现为自有资本公积金和各种准备金，其中公积金和各种准备金为其一般偿付能力，导致保险公司保险赔款过多超过其一般偿付能力的风险称为巨灾风险。一般而言保险公司的损失或赔偿分布如图 2-2，其中横轴 T_L 表示累计赔款总额，纵轴 P 表示出现相应赔款的概率，F 为保险公司赔款总量分布函数。

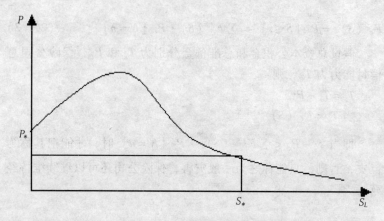

图 2 - 1　巨灾概率与损失分布图

图中反映了保险公司的赔付概率开始随赔款量的增加而递增，当保险公司的赔款量达到某一点后其赔付的概率又趋向于减少。假设图 2 - 2 中 A 点代表保险公司的一般偿付能力即保险公积金与各种准备金，那么保险公司赔偿 A 点左侧的损失不会有困难，但是 A 点右侧的损失或赔款尽管发生的概率较低但常使保险公司的财务稳定性受到冲击，因此巨灾风险通常是指那些导致保险公司较多的出现 A 点右侧损失或赔款的风险。

2.1.5　基本结论

综合以上分析，我们不难得出这样的结论：所谓巨灾就是指小概率且一次损失大于预期、累计损失超过承受主体（主要有投保人、保险人和政府）承受能力的事件。

所以巨灾是一个相对的概念，是相对于巨灾承受主体而言的，当然，从不同的主体出发，其承受能力的大小、风险的规避、分散策略、方式是不一样的，但就其本质来说是一样的，那就是当超过其承受能力的时候，我们才把它称为巨灾。

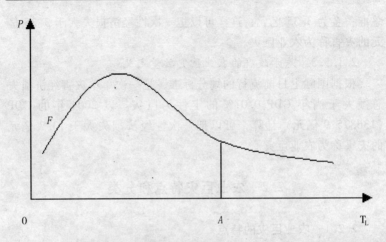

图 2 - 2　保险公司的损失赔偿分布规律

基于上述研究，可以认为农业巨灾就是指小概率且一次损失大于预期、累计损失超过承受主体（主要有农户、农业保险公司或政府）承受能力的事件。下面结合我国的具体情况，按照三个不同的主体来进行数量刻画。

2.1.5.1　基于农户的巨灾数量定义

对农户的承受能力的评价这里定量为家庭财产和预期收益之和的 50%，我们用当年的农户家庭平均收益来替代预期收益。这样以 2004 年为例，可以把一次性经济损失大于 8160 元（全国的平均水平）的灾害称为农业巨灾。

2.1.5.2　基于农业保险公司的农业巨灾数量定义

目前我国从事涉农保险的公司主要有中国财保、中华联合、上海安信、吉林安华、黑龙江阳光、吉林伊通和法国安盟等，除了中国财保和法国安盟历史比较长、资本比较雄厚，其他保险公司历史不长，资本和积累有限，多为区域性的保险公司，他们的承保能力十分有限。以上海安信为例，2004 年总资本公积金和总准备金为 3.35 亿元，这样可以把一次性经济损失大于 3.35 亿元的灾害称为农业巨灾。

2.1.5.3 基于政府的农业巨灾数量定义

根据国际上目前流行的划分标准，把一次单项灾害经济损失总额大于当年 GDP 0.01% 的定性为巨灾。以 2004 年的 GDP（136875.9 亿元）计算，可以把一次性经济损失大于 13.7 亿元的灾害称为农业巨灾。

2.2　农业巨灾特点和分类

2.2.1　农业巨灾的特点

农业巨灾是一个相对的概念，所以农业巨灾的特点也是相对的，特别是相对于一般性的农业灾害而言。在这里我们有必要对两者进行比较，就可以从中非常清楚地看到农业巨灾的基本特点（见表 2-3）。

表 2-3　　　　　　农业巨灾与一般性农业灾害比较

	农业巨灾	一般性农业灾害
损失程度	大	小
发生概率	较小	较大
影响程度	大	小
预测难易度	难	容易

2.2.2　农业巨灾的分类

我国农业巨灾按不同的标准有多种分类方法。概括起来主要有两种分类方法。

2.2.2.1 按其发生的原因分为自然农业巨灾和人为农业巨灾两大类[50]

（1）自然农业巨灾。自然农业巨灾是指由自然力造成的事件。这种事件造成的损失通常会涉及某一地区的大量人群。农业巨灾造成的损失程度不仅取决于该自然力的强度，也取决于受灾地区的建筑牢固程度和防灾措施的功效等人为因素。自然农业巨灾的具体形式包括：水灾、风暴、地震、旱灾、霜冻、雹灾和重大疾病等。

（2）人为农业巨灾。人为农业巨灾是指成因与人类活动有关的重大事件。在这类事件中，一般只是小范围内某一大型标的物受到影响，而这一标的物只为少数几张保险单所保障。人为灾祸的具体形式包括：火灾和投毒等。

2.2.2.2　根据同类农业巨灾发生频率，可以分为常态农业巨灾和异态农业巨灾[51]

（1）常态农业巨灾。常态农业巨灾是指年内至少发生一次以上，标的之间彼此相容的巨灾风险，如农作物承保的干旱和冰雹等气候性灾害。该类风险的特点是发生概率较小，损失规模较大，一定程度上，该类风险在保险业务年度内发生是可以预期的，但具体发生的次数和规模又是不确定的，其实际损失常常会超过当年损失期望值，给农业保险公司财务稳定造成不良影响。

（2）异态农业巨灾。异态农业巨灾是指年内发生的概率很小，标的之间彼此相容的巨灾风险，如地震、洪水等自然灾害。该类风险的特点是在一个较长的周期内不发生，一旦发生，损失的规模就很大，其实际损失规模大于当年保险人的损失预期是必然的，这种风险损失将会严重冲击保险公司的财务稳定。

当然，任何一种分类方法都会遇到边缘性问题[52]。例如，由于人类活动造成全球变暖进而多发的洪水灾难等，很难将其确切划归为哪一类风险。比如通常表现为常态农业巨灾发生的自然灾害，如暴风雨、雹灾等，在偶尔一些年份当其发生情况极为严重，造成损失规模较大时，就会被视为异态农业巨灾；同样，经常被冠以异态农业巨灾的地震、洪水、飓风等自然灾害，在其多发地区及在其小打小闹活动的年份通常又被列为常态农业巨灾。

2.3　农业巨灾区域分布状况

摸清区域农业巨灾发生发展的时空分布规律，高度总结和概括农业区域巨灾规律，能为制定区域综合减灾和科学保险规划提供科学依据。自然区划有两个最重要的划区方法是自上而下（Top – Down）与自下而上（Bottom – Up）。在20世纪80年代以前自然区划主要使用自上而下的方法，自80年代以后由于土地类型研究的开展逐渐重视使用自下而上的方法。王平和史培军等人把两者结合起来，提出了我国农业巨灾综合区划方案[53]（见图2 –3）。

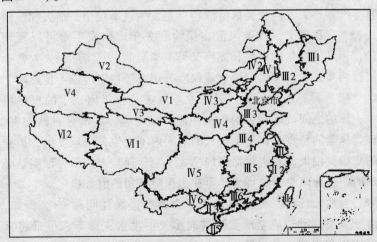

图2 – 3　中国农业巨灾综合区划方案

资料来源：王平："中国农业自然灾害综合区划研究"，北京师范大学博士学位论文，2004。

2.3.1 东部沿海区

东部沿海区包括我国东部沿海的江苏、上海、浙江、福建、广东、广西、海南和台湾 8 个省市区的 277 个县（市区），人口 2.05 亿，面积 40.91 万平方公里[22]。本区地貌以山地丘陵和沿海平原为主，土壤以森林土壤和水稻土壤为主。淮河、长江、钱塘江、闽江和珠江等的下游入海口均在北区。包含苏北平原、长江三角洲、浙闽丘陵、两广丘陵、珠江三角洲、海南岛、台湾岛和雷州半岛等。本区人口密度大，人均耕地少，生产力水平高，农业集约化程度高，为我国主要农业区，农作物以水稻为主，其次为甘薯、油菜和棉花等农作物，复种指数高达 200%—300%[54]。

农业巨灾类型以水灾为主，其次为风灾（台风和风暴潮等）、旱灾和病虫害，为我国农业巨灾重度区。

本区进一步划分为苏沪沿海、浙闽沿海、粤桂沿海、台湾岛和海南岛 5 个二级区，其中苏沪沿海、浙闽沿海和粤桂沿海为农业灾情重度区，台湾岛为农业灾情极轻区（由于台湾省缺乏 1949—1990 年的资料，因此将其定为灾情极轻区不很可靠，有待补充资料后完善），海南岛为农业灾情轻度区。

2.3.2 东部区

东部区包括我国黑龙江、吉林、辽宁、内蒙古、河北、北京、天津、山东、河南、江苏、安徽、湖北、湖南、江西、浙江、福建、广东和广西 18 个省市区的 916 个县（市区），人口 5.73 亿，面积 196.45 万平方公里[22]。本区地貌以山地、丘陵平原和山地为主，土壤以森林土壤、水成土壤和水稻土为主。包括东北平原、华北平原、长江中下游平原、长白山地、大别山区、武夷山地和南岭山地等，处于黑龙江、松花江、乌苏里江、辽河、滦河、海河、黄河、淮河、长江、珠江的中下游地区。本区人口密度大，人均耕地少，生产力水平较高，农业集约化程度高，为我国主要农业区，尤其以黄淮海平原为我国重要商品粮基地。农作物以水稻、小麦和棉花为主，其次有玉米、大豆、高粱、油菜、花生、甘薯等农作物，复种指数由北方的90%—110%到南方的200%—250%[54]。

本区农业巨灾主要以水灾和旱灾为主，其中华北平原的旱灾，长江中下游平原的水灾发生频率高，造成损失大；其次有冻灾、病虫害等为我国农业巨灾极重度区。本区从北至南依次划分为三江平原及长白山地、松辽平原、环渤海平原、黄淮平原、长江中下游平原及江南丘陵、南岭山地6个二级区。其中黄淮平原和长江中下游平原及江南丘陵为农业灾情极重度区，松辽平原和环渤海平原为农业灾情重度区，三江平原及长白山地和南岭山地为农业灾情中度区。

2.3.3　中部区

中部区包括我国黑龙江、内蒙古、河北、山西、陕西、宁夏、甘肃、河南、湖北、四川、重庆、湖南、贵州、广西和云南等15个省市区的914个县（市区），人口3.94亿，面积276.91万平方公里[22]。本区地貌以山地、丘陵和高（平）原为主。土壤以森林土壤、草原土壤和岩成土壤为主。包含呼伦贝尔高原、内蒙古高原、鄂尔多斯高原、黄土高原、关中盆地、秦岭山地、四川盆地和云贵高原等，处于黑龙江、黄河、淮河和长江等的中游地区。本区人口密度中等，其中，四川盆地人口密度大。本区北部和南部为我国林业区，中部为农业区，农作物主要有小麦、玉米、棉花和谷子，农作物复种指数南高北低。

本区农业巨灾主要有水灾和旱灾。西南山地的地质灾害（滑坡和泥石流）、北部的雪灾和冻灾等，为我国农业巨灾重度区。本区由北向南依次划分为大小兴安岭山脉、内蒙古高原、鄂尔多斯高原、黄土高原、西南山地丘陵和滇南广西山地6个二级区，其中，西南山地丘陵为农业巨灾极重度区，黄土高原为农业巨灾重度区，大兴安岭山脉、内蒙古高原、鄂尔多斯高原和滇南广西山地为农业巨灾中度区。

2.3.4　西北区

西北区包括我国内蒙古、甘肃、青海和新疆4个省市区的142个县（市区），人口0.21亿，面积266.77万平方公里[22]。本区地貌以山地和风积地貌为主，土壤以荒漠土壤、岩成土壤和草原土壤为主。境内发育有额尔齐斯河、伊犁河、塔里木河，包含阿拉善高原、河西走廊、东天山及戈壁绿洲、南疆塔里木盆地、伊犁谷地、北疆准噶尔盆地、阿勒泰山、昆仑山和柴达木盆地等。本区人口密度小，为我国主要牧业区，农业主要分布在绿洲，农作物主要有水稻、棉花、小麦和玉米等。

本区农业巨灾主要有水灾、冻灾和雪灾等，为我国农业巨灾轻度区。本区由东向西由北向南依次划分为蒙甘高原山地、北疆山地沙漠、柴达木盆地和南疆戈壁沙漠4个二级区，其中，蒙甘高原山地、北疆山地沙漠和南疆戈壁沙漠为农业巨灾轻度区，柴达木盆地为农业巨灾极轻度区。

2.3.5　青藏区

青藏区包括我国青海、西藏、四川和甘肃等4个省市区的126个县（市区），人口478万，面积164.31万平方公里[22]。本区地貌以高原和山地为主，土壤以高山土壤和森林土壤为主，境内有雅鲁藏布江、长江上游等河流，包含青海高原、藏南谷地和藏北高原，为黄河和长江的发源地。本区人口密度小，主要以牧业为主，农业零星分布在藏南谷地和青海高原，农作物主要以青稞小麦为主，有少量的水稻和小麦。

本区农业巨灾主要有雪灾、地质灾害、水灾和病虫害，为我国农业巨灾极轻度区。本区可进一步分为川西藏东山谷和藏西高原山地两个二级区，这两个二级区均为农业巨灾极轻度区。

2.4　我国农业巨灾的基本规律分析

中国是一个农业巨灾频发的"饥荒之国度"，农业巨灾灾种多、灾害后果严重。在中国农业巨灾漫长的历史演变过程中呈现出两条趋势性的规律：一是随着农业生产的发展，农业巨灾的发生有增加的趋势，农业生产的发展非但没有使农业灾害的发生减少或降低，反而日渐增多并加剧；二是中国农业巨灾的高发区与中国的主要经济区基本一致，经济发达地区巨灾发生的频度往往较高。我们可把前者称之为农业巨灾时间分布的趋势性规律，后者称之为农业巨灾地域分布的趋势性规律。

建国以来，一般年份，全国受灾农作物面积一般在 40 万至 47 万公顷，倒塌房屋 300 万间左右。再加上其他方面的损失，每年自然灾害造成的直接经济损失 400 亿—500 亿元人民币，大灾年份损失更加严重[55]。进入 20 世纪 90 年代，农业巨灾的发生机会多，成灾频率高，损失巨大，具体呈现出以下特点。

2.4.1　巨灾发生频率上升

据史料记载，我国自公元前 206 年至 1949 年的 2155 年间，共发生较大的水灾 1029 次，旱灾 1056 次，平均接近每年一次。自 1949 年新中国成立到 1995 年，共发生成灾面积 667 万公顷以上的水灾 9 次，成灾面积 1333 万公顷以上的旱灾 10 次。50 年代中灾以上灾害发生频率仅为 12.5%，但 90 年代以来，每年都有受灾面积 3000 万公顷以上的水、旱灾发生。频率之高，历史罕见[56]。

2.4.2 受灾和成灾面积不断扩大

建国以来，农业受灾面积呈不断扩大趋势（见图 2-4），50 年代平均每年 2500 万公顷，90 年代平均每年 4942 万公顷，几乎翻了一番。成灾面积 50 年代平均 1050 万公顷，90 年代平均每年 2500 万公顷，成灾率由 42% 上升为 50%。1991 年，我国粮棉播种面积为 11885 万公顷，受灾面积却达 5547 万公顷，受灾幅度达 47%，成灾面积 2780 万公顷，成灾率达 23% 以上（见图 2-5）。1995 年，粮棉播种面积为 11529 万公顷，受灾面积高达 6750 万公顷，受灾面积 59%[57]。

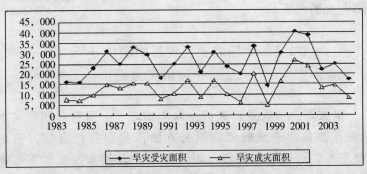

图 2-4 旱灾受灾面积和成灾面积（万公顷）时间演化曲线
资料来源：根据《中国农村统计年鉴》整理。

2.4.3 巨灾损失空前加剧

50 年代平均每年因巨灾造成粮食减产约为 380 万吨，占全国粮食总产量的 2.1%。1990 年至 1997 年平均每年因灾害粮食

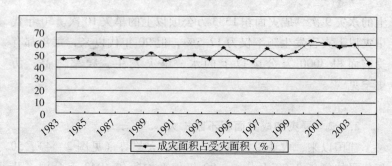

图 2 - 5　成灾面积占受灾面积比例（％）时间演化曲线

资料来源：根据《中国农村统计年鉴》整理。

减产增至 2300 万吨，相当于 50 年代的 6 倍，占粮食总产量的 5%[58]。1998 年长江、嫩江流域发生的百年一遇特大洪水，受灾面积约为 2120 万公顷，估计经济损失 2550 亿元，其中，仅畜禽单项损失就达 300 亿元，其损失程度远远超过 1954 年大洪水 100 亿元的水平[59]。

2.5　我国农业巨灾影响经济分析
——以洪灾为例

　　洪灾是我国农业巨灾的主要类型之一，研究表明，洪水灾害在数量和造成的经济损失方面占我国各种自然灾害的 1/3 左右，造成的人员伤亡超过一半，近年来，洪水灾害和由此造成的经济损失有加剧的趋势。瑞士再保险公司的研究表明，在过去 10 年中，全世界已投入 2500 多亿美元以补偿洪水灾害的损失[60]。1989—1998 年的经济损失是 20 世纪 60 年代的 10 倍（已考虑通货膨胀的影响），与此同时，洪水灾害发生的次数也增加到 5 倍[61]。所以，本书选取洪灾进行研究。

2.5.1　洪灾情况概述

我国是世界上洪涝灾害最频繁和最严重的国家之一。我国大江大河的中、下游地区有 800 多个县市处于洪水水位以下，占全国县市总数的 34%，人口 5 亿多，工农业总产值占全国的 60%[62]。正常年份，洪水灾害给我国造成的损失和带来的威胁最大。从历史来看，几乎每年都发生洪灾，每隔一段时间都要发生非常大的洪灾（见表 2－4）[63]。

表 2－4　　　　　中国 20 世纪初到 90 年代重大洪灾回顾

序号	时间	地点	灾情及损失
1	1915	珠江	6 月中旬起，珠江流域连降暴雨，广东、广西 76 个县、6000 万人受灾，死伤十余万人。损失 3000 万银元。
2	1931	长江	长江流域普降暴雨，洪水遍及四川、湖北、湖南、江西、安徽、江苏、浙江、河南 8 省 205 个县，荆州、沙市城区近半人被淹死。武汉三镇水深 1—4 米。受灾人口 2860 万，直接死于水灾的 14.5 万人，因饥饿、瘟疫等次生灾害而死的约 300 万人。财产损失达 13.8 亿银元。
3	1932	松花江	7 月下旬至 8 月上旬，黑龙江、吉林、内蒙古等省区 64 个县市受灾，灾民 70 多万人，哈尔滨市受灾最重，2 万多人死亡，经济损失达 2 亿银元。
4	1935	长江	7 月，长江流域同时普降特大暴雨，致中下游湖北、湖南、江西、安徽、江苏、浙江等省受灾，湖北光化以下 16 个县市一片汪洋，荆州全城民宅灭顶，灾民栖身城墙之上，湖南 15 个县被淹。这次大洪灾受灾人口 1000 余万人，死亡 14.2 万人，估计损失 3.55 亿银元。

续表

序号	时间	地点	灾情及损失
5	1939	海河	7、8月海河流域大洪水。致使山西、山东、河南、河北等省159个县受灾,灾民近900万人。8月20日天津市内围堤溃决,洪水进入市区,水深最深达2.4米,倒塌房屋1.4万间,灾民80万人,直接经济损失8亿银元。
6	1947	珠江	6月珠江流域大洪灾,受灾人口600余万人,受损房屋50多万间,死亡2.24万人。
7	1950	淮河	1950年7月,淮河流域特大洪水,阜南、阜阳、临泉、颍上、太和、凤台、怀远、灵璧、泗洪一带尽成泽国,豫皖境内受灾面积达266.7公顷,灾民1300万。倒塌房屋89万间,信阳市被淹,平地水深1—2米。
8	1954	长江、淮河	1954年长江、淮河流域中下游发生百年未有的特大洪水,由于长江采取了有计划的扒口分洪措施,才保住了荆江大堤等重要堤防,以及武汉、南京等重要城市的安全。由于水位高,持续时间长,中下游许多堤垸溃决,江西九江市街道大部被淹,安徽无为、庐江、巢县、和县、含山、舒城、肥东、肥西、合肥9个县市受淹,湖北、湖南、江西、安徽、江苏5省123个县受灾,灾民1888万人,死亡3.3万人,京广铁路100天不能正常通车,直接经济损失100亿元。淮河流域灾情严重,河南省决口2309处,加上安徽、江苏100多个县市受灾,受灾人口2000万人,死亡3000多人,倒塌房屋200万间。
9	1963	海河	1963年8月上旬,海河流域发生了一场有纪录以来的特大暴雨洪水。邯郸、石家庄、邢台、保定、衡水、沧州、天津7个地区104个县市受灾,其中32个县市被淹,保定、邯郸、邢台等市内水深2—3米,33个县城被水包围。京广、石太、石德铁路相继中断,累计中断行车372天,总计受灾人口2200万人,死亡5600人,伤46700人,直接经济损失60亿元。

续表

序号	时间	地点	灾情及损失
10	1975	河南	1975 年 8 月上旬，在淮河北系洪汝河、沙颍河水系及唐白河水系发生了历史上罕见的特大暴雨洪水。在河南境内主要降雨时间为 8 月 4—8 日，历时 5 天。这次暴雨强度之大，雨势之猛，实属世界历史上所罕见，林庄站 6 小时降雨量达 830 毫米，超过了美国密土港 6 小时降雨量 782 毫米的世界纪录（1942 年 7 月 18 日）。特大暴雨洪水造成板桥、石漫滩两座大型水库浸顶溃堤以及两个滞洪区、两座中型水库和 58 座小型水库垮坝失事，京广铁路 102 公里冲毁，运输中断 48 天，两座大型水库下游遭到毁灭性的灾害。遂平、西平、汝南、平舆、新蔡、漯河、项城、沈丘等城关进水，水深 1—3 米，河南 29 个县市，1100 万人受灾，倒塌房屋 560 万间，死亡牲畜 44 万余头（匹）、8 万余人被淹死，仅驻马店、许昌两地区就造成直接经济损失 50 亿元，间接经济损失达 300 亿元以上。
11	1981	四川	1981 年，四川省受到多次暴雨和特大暴雨的袭击。在"81.7"暴雨洪灾中，洪水淹及 14 个地市的 119 个县市，受灾人口 1584 万人，经济损失约 20 亿元。"81.7"暴雨洪灾加上 1981 年 8、9 月份的暴雨洪灾及滑坡、泥石流等灾害，全省有 138 个县市受灾，占县市总数的 62%。受灾人口约 2000 万人，淹没城乡房屋 237 万间，其中，倒塌 153.4 万间，冲走 42 万余间，死亡 1358 人，伤 14509 人。直接经济损失 25 亿元以上。被淹县城市区 57 个，其中，成都市区受淹达 48 平方公里，有 273 条街区被淹，水深 0.5—1 米，个别地方深达 2 米。被淹户数约 3.2 万户，被淹建筑面积约 54.72 万平方米。金堂县城被淹 2 天，水深 5—6 米。南充市 41.5% 的市区被淹。

续表

序号	时间	地点	灾情及损失
12	1983	安康	1983 年 7 月 31 日至 8 月 1 日，汉江上游安康遭毁灭性洪水灾害。8 月 1 日 1 时 30 分出现最高水位 257.25 米（黄海高程系）、洪峰流量为 31000 立方米/秒，洪水浸顶并冲毁城堤，老城区淹没，东堤内水深达 13 米，居民密集的东关水深达 7—9 米，水位超过北城墙和汉江大桥 1—2 米，死亡 870 人，近 2 万人被困于城内数十座高大建筑物上，全城有 124 万平方米建筑被毁，沿江从石泉至白河长达 340 公里的区域被淹没。加上安康城的损失，共达 7.2 亿元。
13	1985	辽河	1985 年 8 月的辽河洪灾是辽宁省历史上最严重性的灾害之一，全省 8 个市，70 个县市区、1 万多个乡遭受洪涝，倒塌房屋 80 万间，死亡 240 人，68 万人被迫转移，经济损失 47 亿元。
14	1988	西江、洞庭湖、嫩江	1988 年全国洪涝灾害极为频繁。计有：5 月江西北部、中部遭暴雨袭击，受灾人口 326 万，死伤 102 人，毁房屋 6.6 万间；福建大水灾，建阳、崇安、政和等县暴雨山洪，建阳、闽清县城进水，严重受灾 67 万户，共 288 万人，死 91 人，伤 650 人，房屋倒塌 6 万多间，损失 3.6 亿元；6 月四川石柱土家族自治县暴雨山洪，江西宜春、上饶等地暴雨洪灾，湖南邵阳县暴雨成灾，江西中、北部暴雨洪灾，浙江龙泉、丽水暴雨洪灾等等，尤以西江、洞庭湖、嫩江洪灾损失较严重[7]。1988 年 8 月 31 日，西江上游发生了建国以来的最大洪水，柳州水位 89.10 米，1/3 城区淹没，损失 2 亿多元，柳城、柳江、玉林等 40 个县、市受灾，受灾人口 460 多万人，被洪水围困 30 多万人，死亡 64 人，直接经济损失达 10 亿元。1988 年 8 月中旬至 9 月中旬，长江中下游和洞庭湖区连降大暴雨，湖南 53 个县市，1700 多万人受灾，被洪水围困 50 多万人，死亡 250 人，房屋倒塌 23 万多间。1988 年 8 月 16 日，黑龙江、嫩江出现建国以来第二大洪水，水位高 147.94 米，高出齐齐哈尔市地面近 3 米，洪灾损失 5.6 亿元[8]。

资料来源：根据《中国水利统计年鉴》等相关资料整理。

2.5.1.1　洪灾越来越频繁

长江中下游地区从公元前 185 年到 1911 年的 2096 年中，共发生大洪灾 214 次；唐代平均 18 年一次；宋、元时期，平均 5、6 年一次；明、清时期平均 4 年一次；民国期间平均 2.5 年一次；90 年代的 9 年里，发生较大洪灾竟有 7 次。洞庭湖区从 1525 年至 1851 年，平均 20 年一次；1852 年至 1948 年，平均 5 年一次；1949 到 1997 年中，发生较大洪涝灾害就有 34 次，其中大洪灾 14 次；90 年代后，几乎是一年一次。辽河从 1031 年至 1895 年的 865 年中，大约发生 70 次洪灾，明代平均 14 年一次，清代平均 8 年一次。湖北省从 1643 年到 1949 的 307 仅发生 20 次大水灾，而 1950 年至 1983 的 33 年内却发生了 5 次大水灾。50 年代四川发生水灾 4 次，70 年代 8 次，80 年代年年都发生。云南在 1949 年以前的 650 年间，平均 16 年一次洪灾，1949 年后则平均 3 年一次。江西解放前 800 年洪涝出现频率为 36%，解放后提高到 53%[64]。以下数据清楚地显示出各地洪灾发生的频率普遍有越来越多的趋势（见表 2 - 5）。

表 2 - 5　　　　　　　中国水灾次数及频率统计表

年　份		珠江	长江上游	长江中下游	淮河	黄河	海河滦河	辽河	松花江
1840 — 1949	特大水灾（次）	3	3	4	4	9	2	1	3
	大水灾（次）	6	13	14	10	14	8	9	5
	一般水灾（次）	23	23	29	25	27	23	21	17
	总计	32	39	38	39	50	33	31	25
	水灾频率（%）	21	25	25	25	33	22	20	16
	水灾周期（年）	5	4	4	4	3	5	5	6
1950 — 1992	特大水灾（次）		1	1	2	1	1	1	2
	大水灾（次）	1	1	4	6	3	4	2	3
	一般水灾（次）	9	8	7	9	4	5	3	6
	总计	10	10	12	17	8	10	6	11
	水灾频率（%）	23	23	28	40	19	23	14	26
	水灾周期（年）	4	4	4	3	5	4	7	4

资料来源：《中国水利统计年鉴》整理。

2.5.1.2 小水量，高水位，大灾情

1996 年黄河 1 号洪峰在花园口的流量为 7600 立方米/秒，仅相当于 1958 年洪峰流量 22300 立方米/秒的 1/3，而水位却超过了 1958 年水位近 1 米，堤坝频频出险，全线紧张，滩区大量漫水，一片汪洋，豫鲁两省 40 个县市，100 多万人受灾。汉口水文站 1998 年 8 月 9 日 8 时水位与 1954 年同一天 20 时的水位都是 29.30 米，1998 年的流量是 68600 立方米/秒，而 1954 年为 74000 立方米/秒。1998 年长江的洪水水量不及 1954 年，但给中下游的压力超过了 1954 年。1996 年湖南沅江、资水的流量都比 1969 年的小，水位却比 1969 年高出 1.5 米和 0.82 米。洞庭湖区 1996 年的洪水总量低于 1954 年，水位却比 1954 年高 1.06 米[65]。

洪水灾害不仅给国民经济发展带来较大损害，还使遭受洪灾的居民生活水平大幅降低，这十分不利于我国经济的持续和健康发展，也不利于我国和谐社会的建设。

2.5.2 洪灾经济影响分析

我国洪灾的受灾面积和成灾面积从 20 世纪 80 年代以后基本变化不大，但在个别年份却特别巨大（见图 2-6），如 1991 年、1998 年和 2003 年，我国洪灾的受灾面积和成灾面积分别达到 24600 万公顷和 22292 万公顷、19208 万公顷和 14610 万公顷、13785 万公顷和 12289 万公顷[66]。给国民经济和人民生命财产造成了巨大的伤害。需要指出的是限于数据的影响，对洪灾经济影响分析主要是从 20 世纪初开始的。

2.5.2.1 洪灾造成的直接经济损失严重且有上升的趋势

从直接的经济损失来看（见图 2-7），有不断上升的趋势。按 1990 年的价格计算，年均直接经济损失 50 年代为 476 亿元，60 年代为 546 亿元，70 年为 635 亿元，80 年代为 760 亿元，90

年代上升为 987 亿元[67]，并且有不断上升的趋势。

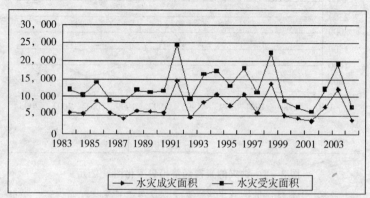

图 2-6 水灾受灾面积和成灾面积（万公顷）时间演化曲线
资料来源：根据《中国农村统计年鉴》整理。

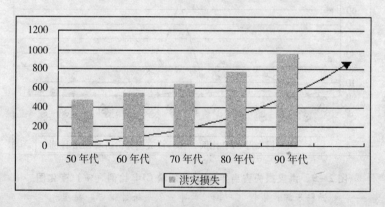

图 2-7 我国不同年代年均洪灾损失（单位：亿元）
资料来源：根据《中国农村统计年鉴》整理。

特别是最近二十多年来，我国洪灾的直接经济损失非常巨大（见图 2-8）。如果用洪灾损失与当年 GDP 和新增加 GDP 进行比较（见图 2-9），就更加能说明问题。一般年份，洪灾的损失占 GDP 的 1% 以上。按照国际标准（TZ. L. Murlidharan，2003），大

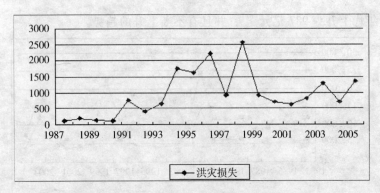

图 2 - 8　洪灾的直接经济损失变化图（亿元）

资料来源：根据《中国民政事业发展统计报告》整理。

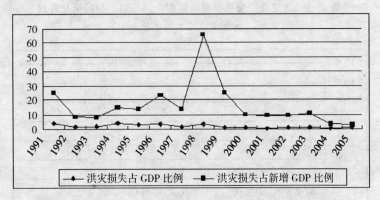

图 2 - 9　洪灾损失占当年 GDP 和新增 GDP 比例（%）**变化图**

资料来源：根据《中国民政事业发展统计报告》整理。

于 1%，就属于特别巨大的灾害了。而同期的美国的数值仅为 0.7%，日本的数值为 0.6%。从洪灾损失与当年新增加 GDP 来看，比例也非常大，在特别年份尤其如此，如 1998 年，洪灾占新增加 GDP 的 65.7%。可见洪水灾害给我国造成的损失特别严重，已经成为关乎我国国计民生和经济发展的重要问题之一。

2.5.2.2　洪灾直接影响到我国的粮食安全

从谭徐明等人（2004）的我国大陆洪水区域分布图来看，我国洪水主要集中在松嫩及三江平原区、辽河中下游平原区、海河河北平原区、黄河上游河套平原区、黄河下游及山东半岛诸河区、淮河流域平原区、洞庭湖平原区、汉江下游平原区、长江中游平原区、鄱阳湖平原区、长江下游平原区、太湖流域水网区、四川盆地区、浙闽粤沿海区、西江中下游平原区和珠江三角洲水网区等，而这些区域无疑又是我国粮食的主产区，所以，洪水就直接影响和威胁到我国的粮食生产安全。

如果从洪水的受灾和成灾面积与我国粮食生产的关系（见图2－10）进行分析，也可以得出同样的结论。从图2－10中可以看出，一般年份，洪水的受灾和成灾面积增加，当年的粮食产量增长率就降低，比如，1991年、1998年、2003年，在洪水受灾面积和成灾面积增加的情况下，粮食总产量就呈现出下滑的状况。

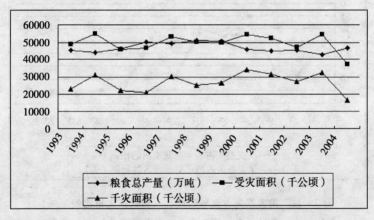

图2－10　洪水的受灾和成灾面积与我国粮食生产的关系

资料来源：根据《中国民政事业发展统计报告》和《中国农业发展报告》等整理。

2.5.2.3　洪灾对我国财政的负面影响仍然很大

目前国际上把巨灾的损失与当年的财政联系起来进行研究（T. L. Murlidharan，2003），作为衡量巨灾影响的一个非常重要的指标。一般是把灾害造成的损失与当年财政收入与财政支出进行比较，从经济学的角度来看，这种做法是把巨灾损失看作是财政收入的漏出，也可以看成是财政支出的增量。其等级的划分标准是把大于 10% 定性为影响巨大，在 1%—10% 之间定性为影响较大，低于 1% 定性为影响一般。

按照这个标准，从图 2 - 11 中可以看出，影响最大的是 1994 年，洪灾损失分别占财政收入和财政支出的 34.3% 和 31.2%，影响最小的是 2002 年，洪灾损失也分别占财政收入和财政支出的 4.2% 和 3.7%。由此可见，总体来看，洪灾对我国财政的影响是非常巨大的。

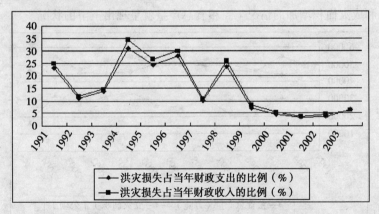

图 2 - 11　洪灾损失占当年财政收入和财政支出比例（%）

资料来源：根据《中国民政事业发展统计报告》和《中国农业发展报告》等整理。

第三章　农业巨灾保险现状及困境

我国是一个农业巨灾特别严重的国家，对农业巨灾的防灾减灾探索一直就没有停止过。农业巨灾保险是其中一个重要的手段和方法。新中国成立 50 多年来，我国农业巨灾保险受特殊的政治、社会和经济的影响，经历了一个比较曲折的历史过程，几经反复，期间提出和实践过一些方案，理论界也进行了积极的探索。但依然没有解决农业巨灾保险市场失灵的困境，这是本章重点讨论的问题。

3.1　农业巨灾保险实践进展

我国农业巨灾保险发展虽然遇到了一些困难和波折，但也并不像有些学者批评的那样，"我国农业巨灾保险产品供给属于一片空白"。笔者认为，这种说法是不全面的。从产品的角度看，在我国农业保险行业曾经提供的农业保险产品的责任范围中包括了巨灾风险。目前，存在的问题是针对巨灾风险的农业保险处于不断萎缩的状态。

新中国成立以来，为了体现我国社会主义性质，农业巨灾（主要指地震、洪水、暴雨等自然灾害）以基本条款形式列入农业保险承保责任。我国是自然灾害多发区，由于我国再保险市场不发达，分保方式单一，农业巨灾保险损失基本上是在直接保险公司内部自行消化；此外，一些保险公司为了扩大保险业务，曾一度擅自扩展农业巨灾承保责任，这些都严重威胁到保险公司经营、生存和发展。鉴于这种状况和我国保险业实际承保能力与技术限制，国家对农业巨灾保险进行了一些政策上调整，把农业巨灾从保险基本条款中逐步删除了[68]。

我国农业巨灾保险实践的发展大致可以分为三个阶段。

第一阶段是农业巨灾保险试水时期。在新中国成立之后，1951年中央人民政府政务院做出了《关于实行国家机关、国营企业、合作社财产强制保险及旅客强制保险的决定》，在中国人民保险公司的具体推动下，到1952年底，广大农村地区大多数都办理了保险，而这些保险的责任范围中已包括了巨灾风险。同时，为了保障农业生产安全，我国的一些省份还开展了以大牲畜和农作物为对象的农业保险，为农业生产提供巨灾风险保障。但是，由于历史原因，1959年我国全面停办了国内保险业务，刚刚建立起来的我国农业巨灾保险就这样夭折了[69]。

第二阶段是农业巨灾保险恢复时期。1979年国务院决定逐步恢复国内保险业务，1980—1995年是我国巨灾保险的恢复时期。在这个时期，针对农业的保障范围中包括了各类巨灾风险[70]。在这个时期，我国的农业保险也得到了快速发展（见图3-1和图3-2），为农业生产的巨灾风险提供了保障。因此，从这个时期的保险供给看，农业巨灾保险有了一定的发展。

第三阶段是农业巨灾保险不断萎缩的时期。从1995年开始，我国保险行业监督管理机构从控制和防范保险公司经营风险的角度出发，要求保险公司停办一些巨灾保险。因此，一方面，我国农业巨灾保险品种逐渐减少；另一方面，我国保险业提供的农业保险中将地震巨灾风险无一例外地列为除外责任，其他的农业巨灾在农业保险条款中的限制也越来越严格，并有逐步减少的趋势，农业巨灾保险发展遭遇到了前所未有的危机。

2005年开始，我国在宁夏、内蒙古、湖北、云南、北京、黑

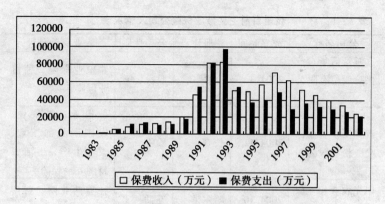

图 3 - 1　中国人民保险公司农业保险保费变化情况

资料来源:《中国保险年鉴》。

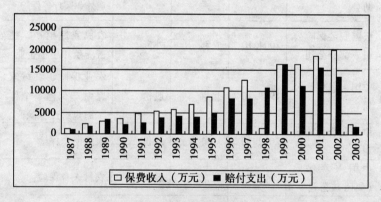

图 3 - 2　新疆兵团保险公司保费变化情况

资料来源:《中国保险年鉴》。

龙江、四川、安徽、重庆 9 个省市的部分地市相继开展和深化了农业保险试点（见表 3 - 1）[71]。保障品种扩大到包括奶牛、生猪、烟叶、西瓜等多种牲畜和农作物。但这些保险品种对农业巨灾大多采取了严格的限制，无法满足农业巨灾保险发展的要求。

表 3 - 1 　　　　我国目前主要涉农保险公司及情况表

公司名称	成立时间	注册地点	公司性质	农业保险品种
上海安信华农业保险股份有限公司	2004.3	上海	股份	养殖业保险、种植业保险
吉林安华农业保险股份有限公司	2004.12	长春	股份	种植业、养殖业、农副产品加工业、农业生产、生活资料的互助保险
阳光农业相互保险公司	2004.10	哈尔滨	互助	种养两业险、财产保险、责任保险
吉林伊通农险互助会	2005.1	伊通	互助	农民家庭财产、人身意外、医疗等保险
法国安盟保险公司成都分公司	2004.10	成都	外资	农民家庭财产、牲畜养殖和中小企业
中国人民保险公司	1949.10	北京	股份	农业保险、农村家庭财产保险、个体工商户财产保险
中华联合保险公司	2002.10	乌鲁木齐	股份	农业财产保险
中国人寿保险（集团）公司	2003.5	北京	股份	农村人身保险
泰康人寿保险股份有限公司	1996.8	北京	股份	农村人身保险

资料来源：根据 http：//www. aaic. com. cn/anxin/等相关资料整理。

3.2　农业巨灾保险现状

我国农业巨灾保险的实践经历了比较长的发展历程，期间也几经反复。尽管我国的农业巨灾保险为我国农业巨灾提供了一定的保障，对防灾减灾也起到了一定的作用，但目前存在的问题还是比较多，主要表现在以下几个方面。

3.2.1 农业巨灾损失补偿水平很低

一方面，巨灾对我国农业生产经营造成的损失很大，并有逐步加重的趋势；另一方面，通过保险和救济实现的农业巨灾损失补偿水平却很低（图3-3）。

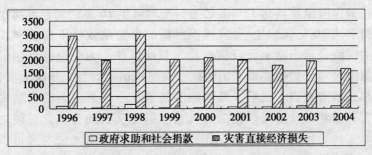

图3-3 灾害直接经济损失与政府救助和社会捐款（单位：亿元）

资料来源：《中国农业统计年鉴》和《中国民政事业发展报告》。

根据测算，1998—2000年，需要补偿的农业产值损失（即造成损失程度30%以上的部分）平均每年为1681.59亿元，通过巨灾救济平均每年补偿37.31亿元，相当于需要补偿的农业产值损失的2.22%[72]；通过农业巨灾保险平均每年补偿4.5亿元，相当于需要补偿的农业产值损失的0.27%，两者合计，1998—2000年我国农业巨灾损失平均补偿水平为2.49%。按乡村人口计算，2000年需要补偿的农业产值损失平均每人246.89元，而人均农业巨灾救济费仅为4.36元，人均农业巨灾保险赔款仅为0.37元。这样，现有的农业巨灾保险远远不能补偿农业巨灾的损失[24]。

3.2.2 农业巨灾损失不堪重负

目前这种保险模式造成的最大问题就是偿付基金难以承受连年巨大的损失支出，既使保险公司不堪重负（图3-4），又使国家财政背上沉重的负担。对保险公司而言，每年的农业巨灾赔款已是保险公司巨额赔款的主要部分。浙江保险公司从1988年到1997年10年间因洪灾支付1819亿元的赔款，占赔款总额的80%。1991年以来，每年仅就水灾造成的社会财产损失都在数百亿元以上，中国人民保险公司仅对水灾支付的保险赔款就达120多亿元，平均每年20多亿元，最高年份多达30亿元以上[24]。每年巨额的保险赔款，不仅使现在的保险公司不愿承保巨灾保险，长此以往，无疑也将承保的保险公司推到濒临破产的边缘。对整个国家而言，每次大灾，都是政府充当了最后、最大的救济者。一旦遭到大的自然灾害，通常以政府无偿救助和社会人道主义捐助为主，并辅之以灾区人民的自建家园工作。国家不得不动用大量本来可以用于建设发展的资金，来用于灾区的经济重建工作，中央和地方的财力力不从心，负担非常沉重。

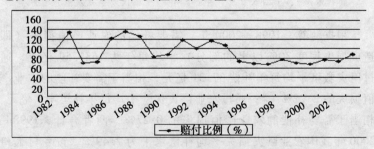

图3-4　中国人民保险公司农业保险赔付情况（单位:%）
资料来源:《中国保险年鉴》。

另外，由于农业巨灾的高损失率与农民收入低的矛盾，使广大农户也不堪重负。

以山西省为例。据统计,山西省平均每年旱灾受灾面积占耕地面积的25%,雹灾占2.7%,霜冻、风暴、水灾、病虫害各占1%。以1997年为例,山西全年的农业产值为226.9亿元,因自然灾害造成的实际损失是15.2亿元(旱灾损失未计算在内),全省自然灾害造成的经济损失占农业产值的6.7%,人均损失64.9元[54]。如果照此作为农业种植业的损失率来计算,农险的费率应为6.7%。按此费率计算,每个农民每年要负担农险保费64.9元,一个四口之家每年要负担260元的保险费,这个数字对于相对贫困的农民来讲,是相当困难的。如果把旱灾损失包括在内,费率应达到30%以上,农民是无论如何也承受不了的。如果开办综合险(包括财产和牲畜),保险费率就更高了。而1997年山西省农村居民人均收入只有1738元,贫困地区则更低,难以负担昂贵的保险费。农业巨灾的高损失率同农村人均收入低这一基本矛盾决定了农险巨灾业务开展的艰巨性。从保险的基础理论来讲,收取保费的费率应取决于农业生产的损失率,这样确定的收费标准,目前我国绝大多数农民无法承受。但如果厘定的保险费率过低,保险公司就要出现亏损,保险公司就无法经营下去,这一对矛盾不解决,农业巨灾保险就无法开展。

3.2.3 农业保险产品规避或严格限制农业巨灾风险

新中国成立以来,我国农业保险产品先后开发的也不少(见表3-2),基本涵盖了农业的方方面面,但问题是这些农业保险产品对其风险中损失最大的巨灾风险大多采取了规避或严格限制的办法。

一是1995年以后,所有的农业保险产品都把地震作为免责条款,采取了严格的规避措施。

表 3 - 2　　　　　　　我国主要农业保险产品情况

序号	产品名称	标的	性质	主要保险责任	主要除外责任
1	收获期农作物火灾保险	收获期农作物	特殊险	由于火灾造成保险标的的损失	1. 战争、军事行动或暴乱；2. 被保险人及家庭成员的故意行为；3. 被保险人违反法律、法规，在公路、街道等场所晾晒、碾打农作物发生火灾造成的损失；4. 其他不属于保险责任的原因。
2	小麦雹灾保险	小麦	特殊险	由于雹灾直接造成保险小麦的直接损失	1. 发生雹灾后，被保险人管理不善，或故意、违法行为；2. 发生雹灾后，未经保险人同意，被保险人毁掉或放弃保险小麦或改种其他作物；3. 其他不属于保险责任的原因。
3	香蕉树风灾保险	香蕉树	特殊险	在本保险期限内，保险香蕉树因遭受 10 分钟平均最大风速≥17.2 米/秒的热带风暴或台风直接袭击导致的断茎损失，保险人依照本条款的约定负责赔偿。	1. 被保险人管理不善或故意、违法行为；2. 发生保险责任范围内的损失后，被保险人自行毁掉或放弃保险香蕉树林或改种其他作物；3. 政府行为所致损失；4. 其他不属于保险责任的原因。
4	温室园艺作物植物保险	温室内园艺作物植物	综合险	1. 火灾；2. 雹灾。	1. 战争、敌对行为、军事行为、恐怖行动、武装冲突、罢工、骚乱、暴动；2. 被保险人的故意或重大过失行为；3. 国家机关的执法或司法行为；4. 修建违反设计、施工规范的不合格温室。

续表

序号	产品名称	标的	性质	主要保险责任	主要除外责任
5	小麦种植保险	小麦	综合险	冰雹、洪水、龙卷风、暴雨积水（指日降水量在100毫米以上能形成积水的）、暴风（指风力每秒速度17.2米以上，相当八级以上的）。	1. 被保险人及其亲属的故意行为；2. 由于选种不当，没有合理密植，物化投入不足，管理不善，不按时收割及收割以后所致的损失；3. 政府命令的行洪、滞洪、蓄洪以及毁麦改种造成的小麦损失；4. 盗窃、人踩、畜啃；5. 其他不属于保险责任范围内的损失。
6	粮食作物种植保险	粮食作物	综合险	1. 冰雹、八级以上的大风；2. 暴雨、洪水。	1. 被保险人未经过当地农业技术推广部门许可，盲目采用新技术、新品种或管理措施失误；2. 政府命令的行洪、滞洪；3. 战争、军事行为、暴力行为造成江河、水库、坝堤决口；4. 干旱及病虫害的危害。
7	牲畜保险	牛、马、骡、驴	综合险	1. 由于火灾、雷击、爆炸、雪灾、冰雹、洪水、地震、地陷、崖崩、泥石流、龙卷风、空中运行物体坠落及固定物体倒塌、野兽伤害、互斗、碰撞、窒息、中毒、淹溺、触电、摔跌所致牲畜死亡或终生残废。2. 由于疾病、胎产、阉割所致牲畜死亡。3. 由于患传染病经当地政府命令捕杀掩埋的。	1. 被保险人及其家庭成员；或饲养人员的故意行为；2. 被盗、走失。

续表

序号	产品名称	标的	性质	主要保险责任	主要除外责任
8	大牲畜保险	牛、马、骡、驴	综合险	1. 自然灾害或意外事故火灾、爆炸、雷击、飞行物体及其他空中运行物体的坠落、洪水、暴风、暴雨；2. 特定疾病（选定责任）巴氏杆菌病、炭疽病、口蹄疫、气肿疽、鼻疽、马传染性脑、脊髓炎、创伤性网胃、急性胃膨胀；3. 经畜牧兽医行政管理部门确诊患本条中特定疾病，并且经当地县级（含）以上政府命令扑杀并掩埋或焚烧的。	1. 被保险人及他人管理不善或故意、过失行为；2. 冻饿、中暑、摔跌、淹溺、中毒、互斗、阉割、被盗、走失、宰杀；3. 战争、军事行动或暴乱；4. 在观察期内的疾病；5. 计算机系统硬件或软件发生的任何故障或错误；6. 保险责任以外的疾病、自然灾害、意外事故、行政或执法行为及其他任何损失。
9	养猪保险	猪	综合险	1. 特定疾病（选定责任）；2. 特定自然灾害和意外事故（选定责任）；3. 经畜牧兽医行政管理部门确诊患本条中特定疾病内的传染病，并且经当地县级（含）以上政府命令需要扑杀、掩埋、焚烧的（注：选定保险责任原则见通知）。	1. 被保险人、饲养人员及其家属的故意或过失行为；2. 冻饿、中暑及互斗致死、淘汰宰杀；3. 战争、军事行动或暴乱；4. 圈外死亡；5. 在观察期内因第二条中特定疾病的传染病所致死亡；6. 违反防疫规定或发病后不及时治疗；7. 保险责任规定以外的其他疾病、自然灾害和意外事故所致的残废以及其他任何损失。

续表

序号	产品名称	标的	性质	主要保险责任	主要除外责任
10	农业区绵(山)羊保险	绵(山)羊	综合险	1. 由于火灾、雷击、冰雹、洪水、崖崩、固定物体倒塌、窒息、中毒、淹溺、触电、摔跌致保险羊只死亡或残疾；2. 由于胎产、阉割所致保险羊只死亡；3. 由于患传染病经当地政府命令捕杀掩埋的。	1. 投保人、被保险人及其家庭成员或饲养、放牧人员的故意行为；2. 疾病；3. 被盗、走失等。
11	养鸡保险	鸡	综合险	1. 特定传染病（选定责任）；2. 特定自然灾害和意外事故（选定责任）；3. 经畜牧兽医行政管理部门确诊患本条中的特定传染病，并且经当地县级（含）以上政府命令需要扑杀、掩埋、焚烧的。（注：选定保险责任原则见通知）	1. 被保险人、饲养人员及其家属的故意或过失行为；2. 保险鸡只互斗、中暑、冻、饿致死，淘汰宰杀；3. 战争、军事行动或暴乱；4. 在观察期内因第三条中特定疾病所致死亡；5. 违反防疫规定、拒绝防疫或发病后不及时治疗；6. 保险责任规定以外的其他疾病、自然灾害和意外事故所致死亡以及其他任何损失；7. 保险鸡只遭受保险事故引起的各种间接损失；8. 鸡场设施发生保险责任外的意外、管理不善导致保险鸡只损失；9. 由于行政行为或执法行为所致的损失（但属于第三条列明的原因除外）。

续表

序号	产品名称	标的	性质	主要保险责任	主要除外责任
12	奶牛保险	奶牛	综合险	1. 在分娩过程中，因胎儿不能顺利娩出，造成子宫破裂或穿孔大出血；2. 产后 72 小时以内因患产后瘫痪或产后败血症，经积极治疗但仍无效；3. 火灾、雷击、爆炸、淹溺、野兽伤害、空中运行物体坠落或固定物体倒塌；4. 洪水、冰雹、暴风、暴雨、龙卷风、台风。	1. 被保险人及其家庭成员或其饲养人员的违法、故意、重大过失行为；2. 冻、饿、中暑、中毒、互斗、走失、被盗；3. 第二条第（三）、（四）款列明原因外造成的摔跌和电击；4. 战争、军事行动、恐怖行动、敌对行为、武装冲突、罢工、骚乱或暴动；5 在观察期内患保险责任中所列疾病；6. 年老体弱、无繁殖能力、产奶量低、患疾病，属于更新淘汰和屠宰的；7. 患伤病不及时医治、不认真饲养管理，以致加重病情造成死亡的；8. 保险奶牛没有配有保险人指定的耳标进行标识。

　　资料来源：根据 http://www.tosafe.net/Insurance/ShowClass.asp? ClassID = 3 等相关网站资料整理。

　　二是我国农业保险产品均属于特殊险或综合险。特殊保险产品只是针对一种类型的巨灾设计的农业保险产品，如收获期农作物火灾保险、小麦雹灾保险和香蕉树风灾保险等，对其他巨灾就采取了规避的办法。综合险是我国农业保险产品设计的另外一种形式，我国许多农业保险产品如温室园艺作物植物保险、小麦种植保险、粮食作物种植保险、牲畜保险、养猪保险、农业区绵（山）羊保险、养鸡保险和奶牛保险等都采用了这种产品设计形式。

特殊险或综合险从保险公司的角度来看应该是没有什么问题的，但从被保险人来看，就存在比较大的问题，被保险人一旦购买了农业保险产品，就希望不论出现什么情况都能得到保障，但问题是现有的农业保险产品制定了许多免责的条款，不能涵盖所有的巨灾风险。而且，农业生产过程中影响因素比较复杂，农业巨灾一旦发生，其影响又非常巨大，对被保险人来讲往往又是致命的。所以，国外如美国的农业保险产品大多采取"一切险"的保险形式，把农业巨灾都包括在内，这对被保险人可以产生更大的吸引力，能更有效地规避农业巨灾风险。

3.2.4　农业巨灾保险经营风险导致保险经营主体缺失

我国属于农业巨灾比较严重的国家，每年因天灾造成的农业经济损失非常巨大。以江苏省为例，自然灾害平均每年使江苏200多万亩农作物受灾，直接经济损失在 25 亿元以上。农业生产的高风险性，导致农业保险的经济效益极低甚至是负效益[54]。据统计，22 年中，人保山东省分公司农业保险业务的平均综合赔付率超过 117%[24]，农业保险业务亏损严重，农业保险的高赔付率与一般商业保险的经营目标发生背离，使得商业保险公司缺乏经营农业保险的积极性，造成农业保险经营主体不断减少，农业保险的有效供给出现不足。目前，国内开办农业保险业务的主要有中国人民财产保险股份有限公司和中华联合财产保险公司等，而且正在压缩承保的范围、数量和险种。而农业保险的高赔付率又使保险基金自身不能积累，这种情况使商业保险公司丧失开展农业保险业务的积极性。

3.2.5　农业巨灾风险管理不合理

我国现行的农业保险条款、保险责任范围除地震外，几乎囊括了所有的自然灾害，实行综合保障，并按现行财税制度纳税（5%的营业税，33%—55%的高额所得税），保险总准备金在税后提留，按纯保费收入的30%进行管理费用补贴等[73]，一旦出现收不抵支，事实上由国家财政以政府补贴形式兜底。这种做法有许多不足：

一是随着社会的发展，保险标的金额也在不断增长，总准备金的积累难以赶上农业巨灾风险。一旦出现巨灾损失由财政兜底，国家财政又向保险人征收高税收以达到平衡与协调。这种恶性循环对保险企业的发展十分不利，使之难以真正实现独立经营、自负盈亏。并且还可能通过提高费率将负担转移给被保险人。最终影响整个保险市场的稳定与发展。例如，1996年我国财产险保费收入约320亿元人民币，税后利润为15亿元人民币。假设1996—2000年保费收入年均增长15%，则1996—2000年总准备金积累额度为75亿—105亿元人民币（总准备金积累额度为每年税后利润的25%—35%亿元）[24]。而1996年我国夏季洪灾造成的直接经济损失就达1500亿元人民币[72]。显然总准备金的积累额度远远不能满足补偿巨灾损失的需要。

二是现行条款的费率沿用的是50年代的费率。从保险人经营的角度看显然责任过高、费率偏低。并且现行农业险费率未考虑不同地区巨灾风险发生的性质、频率及损害程度等因素，科学性不足，从而可能使被保险人按统一条款分担一些本地区或本单位根本不存在的风险，加重了被保险人的负担。

三是农业巨灾作为一种发生频率高、损害程度大，影响范围广的风险，虽然保险人对农业巨灾保险基本险进行了严格的限制，减轻了保险经营者的压力，但我国是农业巨灾频发的国家，保户对农业巨灾保险的需求十分强烈，如何通过保险科学地解决农业巨灾的经济损失的补偿，是我国保险人应积极面对而不是消极回避的难题。

3.3 农业巨灾保险面临的困难和问题

3.3.1 农业巨灾保险困难和问题的一般性分析

研究表明，系统性风险、信息不对称和正外部性是各国农业巨灾保险面临的困难和问题[74]。

3.3.1.1 系统性风险

"系统性风险"-最先出现于金融文献中，指不能通过资产组合而分散的市场风险。在保险中，系统性风险则是指影响所有保险参与者，使被保险人之间产生的相关性因素。在农业中，系统性风险主要表现为区域性同类气候，如大面积的干旱、飓风、洪水等。

Weaver 和 Kim（2001）根据金融方面的研究，用拆分的农作物产量表示系统性产量风险[75]：

$$\bar{y}_i = u_i + \beta_i \ (\bar{y}_i - u) \ + \bar{\varepsilon}_i \tag{3.3.1}$$

其中，$\bar{y}_i$ 是单个投保人的实际产量，u_i 是单个投保人产量的平均值，表示人们可获得的无风险产量，$\bar{y}_i$ 是区域产量，u 是区域平均产量，$\bar{y}_i$ 和 u 之间的差代表该地区的系统性风险，$\bar{\varepsilon}_i$ 是影响单个产量的非系统性风险，β_i 是单个产量对系统性风险的敏感系数。上述方程式表示，单个产量间的非系统性风险可能是相互独立的，但系统性风险使单个产量间产生相关性。实际上，这种高度相关性使利用单个产量组合来降低风险变得无效，因而提高了保险公司承保这种非分散性风险的成本。

Miranda 和 Glauber（1997）利用统计模拟模型计算出美国最大的 10 家农业巨灾保险人和一般保险人的赔款支出变异系数百分数[76]，得出结论：一般保险人的加权平均变异系数百分数为 8.6%，而农业巨灾保险人的则为 84%，所以说，农业巨灾保险人所面临的系统性风险是一般保险人的 10 倍左右。

农业系统性风险破坏了农业巨灾保险人在投保人之间、农作物之间或者地区间分散风险的能力，阻碍了保险基本职能（即通过单个风险的汇聚分散风险）的发挥。农业巨灾保险人对系统性风险需要保持充分的储备金，用以弥补巨额损失，但这使保险的成本过高，可能使保险人难以承受而最终退出市场。

3.3.1.2　信息不对称

信息不对称是指交易双方所掌握的信息在数量和质量上存在差异，即一方掌握的信息数量较多、质量较高，而另一方则恰好相反。信息不对称会导致两种行为反应——逆向选择和道德风险。

逆向选择是指那些风险比一般人更大的投保人，发现保险报价比较具有吸引力，因而更倾向于购买保险，即投保人以低于精算费率的价格购买保险。简单讲，由于逆向选择，愿意购买保险的人往往是最容易出险的人。如果信息是对称的，通过精算设计的保单对作为潜在投保人的全体异质人群都具有吸引力。

因此，逆向选择使投保人组合的风险比一般人群大，无法全部获得分散化组合带来的风险降低的好处。

Quiggin（1994）指出了三种农业巨灾保险逆向选择的实例：一是假定在产量分布中存在不对称，投保人则偏向于那些具有较高赔款预期的农民。二是如果投保每年更新，投保人则偏向于有临时性损失预期的农民，如前一年刚经历过较大的虫灾，或降雪量较大可能会影响出芽率等。三是潜在投保人可能会利用熟悉土地肥力的优越性，投保那些产量风险较高的土地[77]。Shaik 和 Ahvoad（2002）还测算出 1997—2000 年美国棉花保险的逆向选择成本的变动范围是 3200 万—3.59 亿美元[78]。

道德危险是指由于保险可以降低风险，被保险人在投保后做出的使不利事件发生概率上升或保险公司赔偿金额增加的行为。

Shaik 和 Ahvood（2000）的研究表明：农业巨灾保险的参与率提高，即保险费在总生产成本中的份额增加，会对农业设备、家畜和中间投入品（包括农药和化肥的使用）产生不太显著的负面影响。这种负面影响表示，农业巨灾保险增加，投保人会购买较少的投入品，说明存在道德风险[79]。Smith 和 Goodwin（1996）发现，在堪萨斯州生产小麦的农场中，已投保的农场对化肥和农药的投入比那些没有投保的农场每英亩少 4.23 美元[80]。

道德风险和逆向选择，使农业巨灾保险人面临高监督成本和高赔付损失的两难选择，无论如何，都会提高保险人的经营成本，破坏保险筹集资金的功能。如果因信息不对称而产生的成本过高，保险人就会减少农险产品的供应，或者根本不供应农险产品。

3.3.1.3 双重正外部性

农业是一国的基础产业，农业稳定，受益者不只是农民，而是整个社会，农业歉收，受损的也不只是农民，而会波及全社会的每个成员。所以，农民购买农业巨灾保险、保险公司提供农业巨灾保险，保证农业生产顺利进行，可使全体社会成员享受农业稳定、农产品价格低廉的好处，因而，农业巨灾保险是一种具有正外部性的准公共产品。冯文丽（2003）认为，农业巨灾保险的正外部性体现在农民对农险"消费"（或需求）和保险公司对农险"生产"（或供给）两个方面，具有供给和需求双重的正外部性[81]。

（1）农业巨灾保险"消费"的正外部性与"需求不足"

农业巨灾保险"消费"的正外部性，表现为农民购买农业巨灾保险的边际私人收益小于边际社会收益，而边际私人成本大于边际社会成本。私人成本收益和社会成本收益出现了差异，从而导致正外部性产生。

Hazell（1981）认为："由农业巨灾保险所导致的供给增加

使消费者受益，同样也使生产者受益。如果需求是缺乏弹性的，农民的收入可能会实际下降，消费者将会获取全部收益。"农作物歉收对农民和消费者都产生不利影响。同理，如果由于农业巨灾保险导致农产品供给增加，消费者也将获益，而且会通过乘数效应对非农产业的收入和就业产生外溢效应[82]。可见，农民进行农险"消费"时，利益外溢使边际社会收益大于边际私人收益。但如果政府对投保不进行补贴，而由农民承担全部保费，农民农险"消费"的边际私人成本就会大于边际社会成本。

如图3-5所示，农民"消费"农险的边际私人收益为MPR，社会从农民"消费"中所得的边际社会收益为MSR，MSR大于MPR。农民"消费"农险的边际私人成本为MPC，边际社会成本为MSC；MPC大于MSC。农民和社会分别按照边际成本等于边际收益的原则确定农业巨灾保险的最佳均衡量和，结果是私人的最佳消费量小于社会最佳规模，农险"需求不足"的现象出现。

另外，如果一国的农业收益率低，农民可支配收入少，农险需求不足可能会更加严重。如我国一些地区的农险费率高达9%—10%，农民投保价值1000元的农作物需要交保费100元，而一些贫困地区农民年收入不足1500元，到底会不会投保，无需赘言。

（2）农业巨灾保险"生产"的正外部性与"供给有限"

农业巨灾保险"生产"的正外部性，表现为农业巨灾保险人提供农险的私人边际成本大于社会边际成本，而私人边际收益小于社会边际收益。

由于系统性风险、信息不对称以及展业、承保、定损、理赔的高难度，使农业巨灾保险的赔付率和经营成本较高，农业巨灾保险人亏损严重，私人边际收益极低。而代表社会利益的政府，用很小的代价就可获得农业巨灾保险带来的好处，社会边际收益为正。因而，农业巨灾保险人"生产"农险时，承担了部分本应由社会承担的成本，边际私人成本高于边际社会成本，但边际

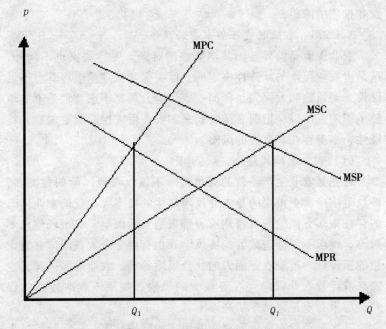

图 3 – 5　农业巨灾保险"消费"的正外部性与"需求不足"

私人收益却小于边际社会收益，正外部性由此产生。同理，保险公司和社会分别按照边际成本等于边际收益的原则确定农业巨灾保险的均衡量，结果是保险公司的最佳"生产量"小于社会最佳规模，造成农险"供给不足"。具体分析与图 3 – 5 中农民农险"消费"的情形类似，只是用保险公司的"生产"行为代替农民的"消费"行为而已。

3.3.2　农业巨灾保险困难和问题的具体分析

我国的农业巨灾保险是农业保险和巨灾保险这两个风险巨大的保险产品弱弱结合。事实上，我国农业巨灾保险在开发和推广的进程中将面临不少具体困难和问题，也将成为农业巨灾保险开发和推广的障碍。

3.3.2.1　农业巨灾保险本身的风险

农业保险是世界各国共同面临的难题，发达国家也不例外，这是由农业保险的特殊性决定的。巨灾保险从理论上将具有不可保性，高风险和大损失是任何一家保险公司都不愿意也是不能单独承担的。所以，把两者结合起来的农业巨灾保险就更加有其特殊性，本身存在着巨大的风险。

（1）农业保险风险

首先是农业生产经营的高风险。不仅仅农业风险的种类多，涉及范围广，更重要的是农业风险发生的概率大。我国农业风险的存在是多方面的，有自然灾害带来的自然风险，有市场信息不对称、供求不平衡造成的经济风险，也有由于个人或团体有意无意的错误行为造成农业损失的社会风险等等。农业的高风险，也意味着经营农业保险存在着较大的风险，如果不收取较高的保费，后果必定是赔付率居高不下。

其次是经营农业保险存在着诸多的障碍。第一，保险是以大数定律为基础的，这意味着投保越多，则保费越低，保障越充足。然而对于不少农业保险，例如，旱涝保险，通常是灾害频繁的地区急于投保；而旱涝保收的地区不愿参加保险，这样大数定律就难以正常运用。第二，农业保险中的信息不对称问题。农业保险中存在严重的逆向选择和道德风险，使得农业保险的赔付率居高不下。商业保险经营中的逆向选择和道德风险，根源于保险市场普遍存在的信息不对称。进一步讲，逆向选择风险的产生，一方面是因为保险公司承保的风险单位的风险状况有差异；另一方面是因为保险商品的纯费率是根据风险单位集合的平均损失率来确定的。这样，必然导致高风险单位倾向于购买保险，而低风险单位倾向于放弃购买保险，或者是鼓励原来的低风险单位从事高风险的项目，从而导致保险公司的赔付率上升。由于农业风险的地域差异性和个体差异性比较大，使得农业保险经营中的逆向选择更为严重。而且，受农业生产经营的自身属性及农民小农意识的影响，农业保险经营中的道德风险比较严重且难以有效控制或控制成本比较高。严重的逆向选择和道德风险，均使得农业保险的赔付率很高。中国人保从 1982 年开始经营农业保险业务，到 2002 年，共收取保费 73 亿元，保险金额 1365 亿元，赔款支出 64 亿元；中华联合财产保险公司从 1986 年开始经营农业保险业务，到 2002 年，农业保险业务共收取保费 15 亿元，保险金额 311 亿元，赔付 11 亿元[24]。两家公司的总体简单赔付率分别为 87% 和 73%，加上其他费用，基本上都处于不赢利的状态。第三，农业保险的定损理赔比一般保险复杂。一般财产保险的赔款是根据灾前财产的价值计算的，而农业保险的标的是有生命的，价格在不断变化，赔款应根据灾害发生时的价值计算。但此时农作物尚未成熟，要正确估测损失程度、预测未来的产量以及未来农产品的市场价格都是极为困难的，因而农险的理赔难度和成本比其他险种高。第四，农业生产在空间上呈现出分散性、在时间上呈现出季节性的特点，这给风险区划和确定保险费，以及保险的宣传、签约、定损和理赔等业务带来了很大的困难，要求保险人花费比城镇保险多很多的人力、物力和财力。

　　高风险和多障碍导致了高赔付与高费率，然而我国的农业基础地位比较薄弱、农业生产水平相对低下、农民支付能力十分有限，这就决定了我国农业保险和我国广大农民之间的矛盾现状。实践表明，我国有些地区农作物保险费率维持在 10% 左右，有的竟高达 15%—20%，这比家庭财产、企业财产和人身意外伤害等险别的保险费率高出数十倍。如此费率，只能让农民兄弟们望洋兴叹。但是在现代农业保险市场中，商业保险公司希望获得平均利润，而不维持足够高的保费价格，得不到平均利润，甚至亏本，这部分保险资本必定会流向其他能赢利的险种，或向其他产业部门转移。

（2）农业巨灾风险

从保险理论上讲，农业生产中的洪水、干旱等巨灾风险属于不可保风险。保险的商业化运作是建立在可保性基础之上的，而巨灾风险很难满足可保性的要求。可保风险理论上应当具备以下四个条件：损失可以估计；风险事故偶然发生；大量同质风险的存在；经济上具有可行性。很显然，农业的巨灾风险至少很难满足前三个条件。因而从理论上来说，巨灾风险是不可保的：第一，农业的巨灾风险造成的直接损失十分巨大，间接损失更是难以估计，损失往往波及多个领域；第二，我国农业受灾的比例每年大约在 40% 以上，大小灾年不断，随着科学技术的发展，对气候气象灾害的预测能力有了很大提高，但就是预测到了灾害发生也只能起到减低损失的作用，而不能规避，已很难谈得上"风险事故偶然发生"了；第三，虽然我国农作物栽种面积广泛，但在农业的巨灾风险面前也很难划分风险单位，难以进行风险分散，不能满足"大量同质风险的存在"的可保性要求。

从我国保险公司的承保能力来看，相对于我国农业巨灾的损失而言，我国保险公司现有的承保能力明显不足。

理论上讲，当 $T_c < F_s(S)$，即当，

$$T_e + P_c < \Sigma F^{*n}(S) \cdot P_i[N=n]$$ 时， (3.3.2)

保险公司才具有承保能力[①]。

按照该理论，以 2001 年国内主要的 7 家保险公司承保能力

---

① 设 P 是灾害发生赔偿的概率，S 是灾害累计赔偿额，F 为保险公司赔款总量分布函数。如果每个个体相互独立，赔偿次数 N 与相互独立，我们可以用卷积法描述灾害累计赔偿额 S 的分布：

$$F_S = P_i[S \leqslant s] = \sum_{n=0}^{\infty} F^{*n}(S) \cdot P_i[N=n]$$

假设总资本公积金和总准备金分别为和，保险公司总偿付能力则为：

$$T_c = T_e + P_c$$

（见表 3 - 3）和 2002 年我国农业巨灾损失为例来进行分析。
2002 年各保险公司的承保能力与 2001 年的灾害（见表 3 - 4）相
比，存在明显的不足。2002 年，全国保险公司资本公积金总额
为 9122.84 亿元，准备金总额为 8032.87 亿元，总承保能力为
17155.71 亿元，中间的缺口比较大[24]。这就是说，以保险公司
现有的承保能力是无法承担全国的巨灾保险的。

表 3 - 3　　　2001 年主要中资保险公司承保能力表　　（单位：百万元）

保险公司简称	实收资本	公积金	法定自留保费	实际自留保费	剩余承保能力
人保	7700.00	178.00	31515.00	39297.00	-7785.00
太保	1000.00	—	4000.00	8026.97	-4026.97
平安	2220.00	2856.00	20304.00	4589.76	15714.24
大众	420.00	0.80	2000.92	296.74	1704.18
华泰	133.30	82.34	5661.36	480.47	5180.89
华安	300.00	8.43	1233.72	335.86	897.86
太平保险	500.00	—	2000.00	0.20	1999.80

资料来源：根据《中国保险年鉴》及相关资料整理。

表 3 - 4　　　2001 年巨灾损失一览表（按损失类别划分）

灾害类型	数目	占总数的%[①]	死亡人数[②]	占总数的%[①]	保险损失[③]	占总数的%[①]
自然灾害	130	37.8	10729	45.1	11423	84.3
洪水	57		4098		4113	
风暴	35		959		6654	
地震	16		2801			
旱灾、森林火灾	7		1094		120	
严寒、霜冻	4		1610			
其他自然灾害	11		167		537	

续表

灾害类型	数目	占总数的%[1]	死亡人数[2]	占总数的%[1]	保险损失[3]	占总数的%[1]
人为灾难	214	62.2	13066	54.9	2130	15.7
重大火灾、爆炸	27	7.8	2111	8.9	935	6.9
工厂、仓库	14		1562		915	
石油、天然气	1		23			
宾馆饭店	1		50			
百货商店	1				20	
其他建筑物	6		195			
其他火灾、爆炸	4		281			
空难	17	4.9	1158	4.9	453	3.3
坠毁	14		1087		78	
爆炸、火灾						
地面损毁						
空中相撞	1		71		38	
航天事故	2				337	
其他航天事故						
航运灾难	32	9.3	2822	11.9	702	5.2
货舱	5		5		391	
客轮	23		2747		211	
油轮	2		41		16	
钻井平台						
其他海运事故	2		29		84	
公路/铁路灾难	96	27.9	3322	14.0		
公共汽车、卡车	75		2157			
火车	19		1129			
重大撞车事故	2		36			
其他交通事故						

续表

灾害类型	数目	占总数的%[1]	死亡人数[2]	占总数的%[1]	保险损失[3]	占总数的%[1]
矿井事故	18	5.2	675	2.8		
建筑物/桥梁倒塌	2	0.6	53	0.2		
其他重大损失	22	6.4	2925	12.3	40	0.3
社会动乱	15		2000		40	
恐怖活动	2		793			
其他重大损失	7		132			
总　计	344	100.0	23795	100.0	13553	100.0

资料来源:《中国保险年鉴》(2002)。

注:1 每组事件占事件总数的百分比;2 死亡和失踪;3 财产险和营业中断险损失,不包括寿险和责任险损失(百万美元,按 2002 年价格计算)。

3.3.2.2 我国农村收入水平普遍比较低,保费负担能力有限

巨灾保险虽好,也不能勒紧裤带去买。巨灾保险是一种消费型商品,但不是生活必需品。恩格尔系数(人们购买食物所占经济收入的比重)决定保险的发展,而 2004 年我国农村的恩格尔系数为 46.4%,比 2003 年下降 3.8 个百分点[1]。由此看来,我国农村居民的一小半收入已用来支付食物花费,再加上花在衣、住、行方面的费用,所剩已寥寥无几,还有很多农民不具备购买保险的能力。

---

① http://www.qltongji.com/stats/yearbook/2003.htm.

3.3.2.3 高附加费率导致保险产品价格偏高

巨灾保险产品的价格即保险费率，保险费率包括净费率和附加费率两大部分。保险公司由于对农业险产品经验不足、专业人才缺乏，加之成本较高、费用灵活性小、税收负担重等原因，使得附加费率较高，从而导致产品价格偏高，使需求也就相应减少。

3.3.2.4 农业巨灾保险的技术障碍

农业巨灾保险面临的技术障碍比较多，主要有以下几个方面：一是农业巨灾保险制度的设计和选择；二是农业巨灾保险产品的设计；三是关于农业巨灾保险费率的厘定；四是农业巨灾保险风险分散与转移及方式；五是政府参与和监管的方式选择；六是农业巨灾保险的实验和推广等。

3.4 农业巨灾保险发展的制约因素

在农业保险制度模式方面，我国经过30多年的探索，积累了不少经验，取得一定成就，但同时也暴露出了不少问题。从目前的情况来看，其实质性的问题仍然没有得到解决，这是不争的事实，这不得不引起我们的反思。各种保险制度都有其合理的一面，但同时也存在一定的问题。

问题的实质是在目前我国保险资源约束的情况下，如何实现其效用最大化（或成本最低）的问题，实现农业保险市场的均衡。

3.4.1 制度成本约束

以最小的成本获得潜在利润，达到农业巨灾保险制度均衡状态，是农业巨灾保险制度建立的最终目的。但保险巨灾制度的建立要受到制度的成本约束，制度供给的成本一般包括新制度规划设计、组织实施的费用、清除旧制度的费用、消除变革阻力的费用、制度变革造成的损失以及随机成本等[82]。

农业巨灾保险市场失灵和制度空缺，是我国现阶段农业巨灾保险发展所面临的严峻现实。因此，我国农业巨灾保险制度供给应紧密围绕治理市场失灵这个核心，需要对造成农业巨灾保险市场失灵的三大成因进行纠正。

在治理农业巨灾保险市场失灵时，许多国家把农业巨灾保险界定为政策性保险，设立专门的国营农业巨灾保险公司，由政府对农业巨灾保险公司提供经营管理费用补贴，对投保人提供保费补贴；设立专门的农业保险再保险机构，以分散农业保险经营机构所面临的系统性风险；设立农业风险基金，对农业巨灾保险机构的巨灾损失进行补贴或贷款等等。

同样，商业农业保险、合作相互制保险等制度在一定程度上能够治理农业巨灾保险市场失灵，但其成本和费用也是比较高昂的，既包括有形的资金成本、机构设置成本，还包括无形的机会成本和监督成本等。如果没有经济合理的制度设计，全部照搬这些制度是我国国力所无法承担的。

创设式制度变迁基本上是依赖自我设计和自我建构的制度[83]。这种性质的制度安排或制度结构基本上没有先例，所以，制度变迁的论证分析在很大程度上是依据理论的预期分析，没有其他地方的制度绩效可供参考，因而有可能创设一套更有效率的制度，也有可能创设一套缺乏效率的制度。创设式制度变迁具有以下几个特点：一是初始成本较高，要花费大量的摸索、研究、设计和创制等创设成本；二是预期的可信度较低；三是具有较大的风险性；四是摩擦成本较高；五是变迁动力弱化[84]。所有这些都决定了要实现我国农业巨灾保险市场的均衡必须要付出一定的成本，问题是如何用最小的成本实现预期的目标。

3.4.2　农业保险资源约束

3.4.2.1　财政资源约束

不论是政策性农业巨灾保险还是其他形式的农业保险，农业保险是离不开政府的支持，特别是财政的支持。但在我国农业保险财政有限的情况下，每年给农业保险的财政主要用于农业保险公司的费用补贴和新成立的农业保险公司。更为主要的是，目前农业保险财政采取的是不分重点、撒胡椒面的形式，更多体现的是一种均衡的思想，没有把财政绩效作为主要考核的依据。因此，一方面，尽管中央千方百计地每年都安排一定的保险财政资金，但总体财政资源的确有限；另一方面，有限的财政资源也没有得到有效利用，造成了一种各方（政府、农业保险公司和农户等）都不满意的情况。

3.4.2.2　农村金融资源约束

金融是经济的血液，任何产业的发展都离不开金融支持。特别是未来农业巨灾保险证券化发展迫切需要金融的支持。但目前我国农村金融机构短缺、农村资金外流和农业贷款比重太低。

（1）农村金融机构短缺

第一，商业性金融撤离农村。为了应对入世竞争，提高赢利水平，四大国有商业银行一致选择了裁撤亏损网点，退出经济欠发达地区，集中优势资源进占大中城市和经济发达地区的资源整合路径。从1999年起，四大银行在三年时间内从贫困省份共撤掉3万多个分支机构，一些贫困地区农村的网点几乎被"一锅端"，给农村金融留下了巨大的空白区。

第二，政策性金融供给不足。中国农业发展银行业务单一，农副产品收购贷款及与此相关的贷款占据了政策性贷款的主导地位，而农业基本建设贷款和农业综合开发贷款长期处于低迷状态。农业发展银行实际上是一个"收购银行"，与政策性银行应发挥提供政策性短期融资、长期融资和对欠发达地区区域发展进行融资的功能还有很大差距。

第三，农村合作金融流于形式。四大国有银行从农村撤离，农村信用社暂时成为农村金融市场的"主力军"。作为主要面对农业、农户的金融机构，农村信用社不但经营绩效较差，而且并非是真正为农户服务的合作金融。1996 年底以来按照合作制原则重新规范农村信用社的努力，没能取得实效。较多地区在按照合作制原则重新规范农村信用社的过程中，没能实现稳定原有社员和吸收新社员的发展目标，仅仅吸收了信用社职工的入股，将信用合作社股份化了，从而将按照合作制原则重新规范农村信用社的过程现实地演化成了一个私有化（股份化）的过程。而且在农村信用社的业务经营中，也造成了大量信贷资金"非农化"。

（2）农村资金流失严重

林毅夫（2000）认为，改革前农村金融机构只是动员农村储蓄以提供城市工业化资金的一个渠道[85]。何广文（2001）认为，改革 20 多年后的今天，农村金融机构除了是动员农村储蓄以提供城市工业化资金的一个渠道外，还是提供乡村城镇化资金的一个渠道[86]。目前，农村资金流向城市（见图 3－6），主要有三大"漏斗"：农村信用社、邮政储蓄和商业银行。

（3）农业贷款比重太低

由于我国农业产业化刚刚起步，农业生产率低下，农业投资的收益率较低，加之农业生产经营的风险较大。因此，对农业部门进行融资的农业银行和农村信用社，对农业的资金投入缺乏应有的热情，表现出较强的"惜贷"和"慎贷"行为。据统计，1995—2003 年，农业贷款余额占金融机构贷款总额的比例一直徘徊在 10% 左右，每年新增农业贷款（含乡镇企业贷款）的波动幅度较大，在经历了 1997 年农业贷款的大幅度增长之后，农

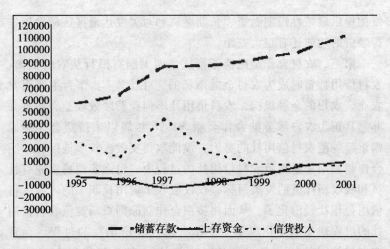

图 3 - 6　湖北某县 1995 年到 2001 年储蓄存款、上存资
金和信贷投入示意图（万元）

　　资料来源：湖北经济学院金融学院调研组："流失、萎缩与恶性
路径依赖——对湖北某县农村金融状况的调查报告"，2003。

业贷款的增长幅度明显回落，甚至在 2000 年对乡镇企业的新增
贷款出现了负增长（见表 3 - 5）。

　　总之，基于我国农村金融严重短缺的现状，已经严重地制约
和影响了我国农业巨灾保险制度的创新和发展。

　　3.4.2.3　农户资源的约束

　　改革开放以来，我国农民收入增加幅度呈现出下降的趋势
（见图 3 - 7）。20 世纪 80 年代农民人均纯收入年均增长 9% 左
右，90 年代降到不足 5%。1996 年农民人均纯收入比上年增长
9%，1997 年只增长 4.6%，1998 年、1999 年分别为 4.3% 和
3.8%。1990 年到 1999 年年均增长 4.8%，低于同期城镇居民人
均增速 2.1 个百分点。2000 年农民人均纯收入仅增长 2.1%，同
城镇居民人均可支配收入实际增长 6.4% 相差甚远，中西部一些

表 3－5　　农业贷款占金融机构贷款对比情况

年　份	1995	1996	1997	1998	1999	2000	2001	2002	2003
金融机构新增贷款（亿元）	10568.1	10612.5	13757.5	11610	7210.2	5636.8	12943.6	21783.4	25148.3
新增农业贷款（含乡镇企业贷款）（亿元）	913.4	681.3	3609.4	1673.8	929.5	-3.9	1174.1	1173.1	1863.6
新增农业贷款占金融机构新增贷款比例（%）	8.6	6.4	26.2	14.4	12.9	-0.1	9.1	5.39	7.41
农业贷款余额占新增金融机构贷款余额比例（%）	8.0	7.8	11.1	11.6	11.7	11.0	10.8	8.2	10.24

资料来源：根据《中国金融年鉴》等整理。

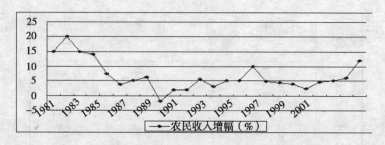

图 3 - 7 1981 年以来我国农民收入增幅变动情况（%）
资料来源：2005 年《中国农业发展报告》。

地区特别是粮食主产区的农民收入甚至出现负增长[54]。农民收入增幅连续 4 年下降，是改革开放以来从未出现的现象。

从总体情况来看，我国农户收入水平普遍比较低，农业生产资料和其他生活资料价格不断上涨，恩格尔系数（人们购买食物所占经济收入的比重）偏高（2003 年我国农村的恩格尔系数为 50.6%）[54]，一小半收入已用来支付食物花费，再加上花在衣、住、行方面的费用，所剩已寥寥无几，这样农民用于保险的开支就十分有限了，保费负担能力有限，要让他们自愿购买农业保险这种特殊产品的可能不大。

第四章 农业巨灾保险可行性分析

巨灾特别是农业巨灾给我国造成的损失非常严重，影响到社会的各个层面，危害巨大，已经成为关乎我国国计民生和经济发展的重要问题之一。所以，必须采取相应的措施和办法来化解巨灾的风险问题，推动我国社会主义新农村的建设和构建和谐社会。

本章探讨了我国农业巨灾保险的必要性和可能性，重点对我国农业巨灾保险的可行性进行了分析。

4.1 农业巨灾保险必要性分析

转移和分散农业巨灾风险的途径主要有四种：自我救助、政府救济、民间捐助和保险。下面就这四种化解巨灾风险的途径在我国的情况进行分析和比较。

4.1.1 巨灾损失与自我救助

2004 年我国农民年均纯收入 2936 元，农户家庭年均纯收入为 9422 元。2004 年农村居民储蓄余额 20821 亿元，农户家庭平均储蓄 3515 元，我国农村的恩格尔系数为 46.4%[87]，农户家庭资产总体规模不大，抵御灾害特别是巨灾风险的能力十分有限。对一般家庭来说，一旦发生巨灾，自我救助的能力在巨灾面前就显得非常脆弱，很难通过自身的行为从巨灾中恢复过来。"一次重灾，即刻致贫"、"一年受灾，三年难翻身"和"十年致富奔小康，一场灾害全泡汤"等都是农户在灾害面前的真实写照。

4.1.2 巨灾损失与政府救济和社会捐助

我们选取 1996—2004 年的历史数据来进行分析，可以发现，相对于灾害的损失而言，政府救济和社会捐助是微不足道的（见图 4 - 1）。特别是在大灾的年份，问题就更加突出，以 1996 年和 1998 年为例，政府救济和社会捐助不到灾害直接经济损失的 2.59% 和 6.53%，最高的也不超过 8%[72]。

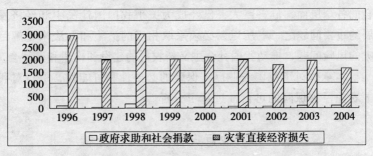

图 4 - 1 灾害直接经济损失与政府救助和社会捐助（单位：亿元）

资料来源：根据《中国民政事业发展统计报告》（1996—2004）整理。

长期以来，我国形成了以国家财政为后盾进行灾后救济的救灾体制，巨灾风险大部分由国家财政来承担。然而，这种以政府无偿救济为主体的救灾体制，已经越来越难以适应市场经济发展的需要。原因主要有四个方面：一是由于巨灾风险发生的随机性，使得财政很难临时筹集到用于应付巨额救灾的资金；二是财政救灾资金的大量支出，常常会牵涉到财政赤字；三是我国连续多年实施积极的财政政策，财政补贴力度也较为有限；四是养成了灾民灾后坐等国家救济的观念。

社会捐助（包括国际援助）也是我国对付巨灾风险采取的措

施之一，但其力度总归有限。例如，1998 年属重灾年份，面对特大洪涝灾害，各级民政部门在全国组织发动了建国以来规模最大的救灾捐助活动，紧急募集境内外捐助款物达 134 亿元，其中接受现金为 64 亿元，接受衣被 3 亿件，衣物折价 70 亿元[72]，为中国有史以来接受捐款捐物最多的一年，大大缓解了灾区的燃眉之急。但比起洪水造成的 2500 亿元经济损失来说，还是杯水车薪。

　　从 1996—2004 年政府救济和社会捐助数额变化情况（见图 4 - 2）来看，除了大灾的 1998 年以外，总体增幅不大。这主要是受我国财力不足和居民收入不高等硬约束的影响，所以，期望政府救济和社会捐助来有效化解巨灾风险是不太现实的。

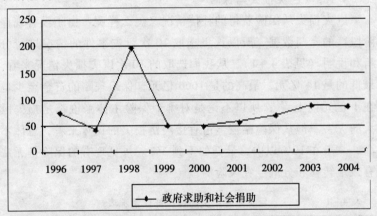

图 4 - 2　政府救济和社会捐助数额变化情况（单位：亿元）
资料来源：根据《中国民政事业发展统计报告》（1996—2004）整理。

　　此外，中央每年有约 40 亿元人民币的自然灾害专项救灾费和大量的救灾物资，但是这些资金和物资需要经过多级政府才能达到受灾群众手中，这必然造成救灾物资不能及时到达受灾群众和救灾专款挪用等弊端，传统的救灾模式并不能高效运行。

　　同样，从灾民的角度来看，由于信息的不对称，对于灾害地区的灾民和地方政府而言，为了从中央政府拿到更多的救灾资金和物资，他们也往往会夸大所在地区的灾情，这对中央而言，很可能会造成不能将有限的资金用到最需要的地方，从而导致效用非最大化和效率低下。

因此，现有的灾害救灾体系相对于我国的灾害状况而言显得比较单一，相对于我国市场经济体制的建立而言显得比较落后，现有救灾补偿措施相对于严重的灾害而言明显不足。为此，可以考虑通过其他的方式来增加巨灾补偿措施。

4.1.3　巨灾损失与保险

巨灾损失从保险获得的补偿情况又怎么样呢？由于没有现存阶段性的专门数据，所以这里选取 10 次巨灾事件的情况进行分析和说明（见表 4-1）。从我们选取的 10 次巨灾损失情况来看，最低的是 14 亿元，最高的是 1666 亿元，保险理赔的资金至少也在 1 亿元以上[88]，所以不论是对哪个保险主体来说都是损失巨大的灾害。但从保险赔偿金占直接经济损失的比重来看，总体不高，一般在 10% 以内，最低的不到 3% 。可见现有的保险是无法有效地转移和分散巨灾风险的。

表 4-1　　　　巨灾事件损失与保险补偿情况表

时　间	事　件	区　域	直接经济损失（亿元）	保险理赔金额（亿元）	保险赔偿金占直接经济损失的比重（%）
1996	水　灾	湖　北	112	2.6	2.32
1997	11 号台风	浙江、江苏	204	8.6	4.22
1998	水　灾	长江流域、松嫩流域	1666	41	2.46

续表

时　间	事　件	区　域	直接经济损失（亿元）	保险理赔金额（亿元）	保险赔偿金占直接经济损失的比重（%）
1998	水灾	佛山	102	4.5	4.41
2003	地震	赤峰	14	1.27	9.07
2004	台风"云娜"	浙江	181	16.6	9.17
2005	台风"海棠"	浙江	72.2	6.95	9.62
2005	台风"麦莎"	浙江	65.6	5.32	8.11
2005	台风"泰利"	浙江	34.2	2.54	7.23
2005	台风"卡努"	浙江	48	3.36	7.00

　　资料来源：根据 http://www.financialnews.com.cn/wlsy/jrsj/200409010252.htm 等相关报道整理。

　　下面我们以台风"云娜"给浙江农业带来的危害为例进一步进行论证。

　　2004年8月12日，台风"云娜"在浙江省温岭市登陆，使得浙江省50个县（市）的639个乡镇受灾，受灾人口达1299万人，直接经济损失达181.28亿元。受此次台风"云娜"影响；浙江农作物受灾面积达27137万公顷，成灾面积1442万公顷，绝收面积23万公顷，并造成3.1万头大牲畜死亡，损失水产面积284万公顷，损失水产品1415万吨。

　　截至2004年9月1日，全省各保险公司对"云娜"台风造成的财产险损失已赔付1172827万元，人身险已赔付455万元。据业内人士估计，全省总保险赔款超过10亿元。相对于100多亿元的经济损失，10亿元的商业保险赔款显得杯水车薪。而令人更为遗憾的是，浙江是全国的水稻主产区，又是临海大省，养殖户居多，而浙江的农业巨灾保险却是一片空白，台风"云娜"

对浙江农业生产造成的损失，基本上得不到保险公司的赔付。据这次受灾农民反映，深受这次台风的影响，他们非常希望参加农业巨灾保险，也希望保险公司尽快开发农业巨灾保险产品，以降低风险，减少损失。面对这次突如其来的巨灾，许多农民专业合作社、农业龙头企业和种植养殖大户道出了他们期盼多年的"心愿"：要是有农业巨灾保险该有多好。可见，发展农业巨灾保险应该提到政府工作的日程上来。

总体看来，我国农业巨灾损失不能从保险中得到有效的转移和分散，主要的原因：一是农业保险本身覆盖的范围就比较小，农业保险在保险中的比重和逐步萎缩的农业保险金额就能充分地说明这个问题；二是农业巨灾保险只是附加的险种，不是单独的保险品种，不利于保险的推广；三是由于风险大，在经营的过程中，存在逆向选择的问题。

4.1.4　总体评价

基于对转移和分散农业巨灾风险四种途径在我国的基本情况的分析，不难看出自我救助、政府救济、民间捐助和现有保险，特别是农业保险对于有效转移和分散农业巨灾风险的作用不大，影响有限。这就需要我们进行积极的思考和探索：如何有效地转移和分散农业巨灾风险？农业巨灾保险应该是一种比较理想和现实的路径选择。

4.2　农业巨灾保险可能性分析

俗话说"天有不测风云"，对于靠天吃饭的农民来说，没有比巨灾更让他们痛心和无奈的了。那么如何化解农业巨灾风险呢？农业巨灾保险应该是目前比较理想和现实的一种选择，因为农业巨灾保险符合保险的基本条件，这为我国开展农业巨灾保险提供了可能。

4.2.1　我国农业巨灾风险符合保险的基本原则

保险是处理风险的重要方法，但农业巨灾风险是多种多样的，并不是所有的农业巨灾风险都是可以保险的。可保风险是指那些能够利用保险的方法来分散、减轻或转移的风险。反之，则称为不可保风险[89]。一般来说，我国农业巨灾风险是可保的，其理由如下。

4.2.1.1　我国农业巨灾风险具有偶然性

风险什么时候发生，发生在什么地方，风险发生后会造成多大损失，所有这些都是事先不知道的，这就是风险的偶然性，是保险成立的主要条件。农业巨灾灾害主要是自然灾害，自然灾害都是偶然发生的。如什么时间在什么地方发生洪涝灾害、旱灾、病虫害、台风和雹灾，这些灾害又会造成多大损失，所有这些都是在目前无法准确预测的。

4.2.1.2　我国农业巨灾风险是可计算的

确定一种农业巨灾风险的可保性，除了它必须具有偶然性之外，这些风险还必须有足够的数据，能够用统计方法来确定该风险发生的概率，计算损失率（死亡率），从而厘定出保险费率。巨灾风险的计算问题困难较多，尤其是对于农业生产的风险计算来说更是这样。计算农业风险的第一个困难是在农作物和畜禽等这些农业特有的风险方面，除自然因素外，人们的行为和态度在预防损失或引起损失方面，起着非常大的作用。计算农业风险的第二个困难是计算农作物的全损，要比计算某一灾害所致的部分损失容易得多。计算农业风险的第三个困难是自然灾害的不确定性。但农业巨灾风险的计算，是通过对过去损失记录的研究，而达到预见未来损失的概率。我国农业灾害的研究已经开展了50多年，积累了大量的资料和数据，进行了农业灾害的区域分布研究，绘制了农业灾害地图。我国农业保险也断断续续地开展了30多年，积累了大量的经验。这些都为保费的厘定等技术难题的解决打下了一定的基础。

4.2.1.3　我国农业巨灾风险使大量标的有遭受较大损失的可能性

可保农业巨灾风险必须是大量标的都有可能遭受损失的风险，而不只是少数标的遭受损失。保险只有在众多风险标的存在的前提下才有可能成立，而且是具有同一损失可能性的大量风险单位。随着风险的数量增加，风险事件发生或损失发生的概率分布就越加明显地带有规律性。因为，随着风险标的增加，预期发生损失次数和损失总量会有规律地增加。大数法则是保险成立的基础，根据大数法则，在单个情况下不可能预测的损失额，在大量预测的情况下，可以预测出损失的结果。从我国农业巨灾发生的情况来看，我国幅员辽阔，各种农业巨灾的分布面积都非常大。我国的大江和大河遍布全国，几乎每年都要发生洪灾，我国海岸线非常长，受台风影响的范围非常大，我国地处两大地震带，受地震威胁和破坏的区域比较大，此外，我国受干旱等农业巨灾影响的区域也非常广泛。总之，我国每一次农业巨灾的发生都会使大量的农业保险标的受损。

4.2.1.4　我国农业巨灾风险的发生是纯粹的损失

纯粹风险是指只有损失发生而无获利可能的风险，它主要是由于自然力不规则运动引起的各种自然灾害，或由于人们行为不慎而引起的各种损失[90]。纯粹风险只有损失机会，通过保险能够及时补偿。纯粹风险的运动变化比较有规律，能够在大量观察的情况下，确定损失发生的概率，保险人能够据此确定保险条件。我国农业巨灾保险主要是基于各种自然灾害发生的行为，是一种纯粹的风险。且我国农业自然巨灾的发生有一定的规律，如地震和洪水在区域上是比较确定的，时间上也有一定的周期。

4.2.2　宏观环境分析

我国"三农"问题已经引起了全社会的高度重视，党中央和国务院先后出台了许多惠农的政策和措施，我国农村面临着发展的大好机遇。而建立"三农"的社会保障与风险转移机制是建设社会主义新农村和构建和谐社会的突出问题，解决这些问题是我国农村未来工作的基本取向。

4.2.2.1　农业巨灾保险是我国未来政策发展的重点之一

农村信用社的改制从 2003 年起在 8 个省（市）开始试点，到 2004 年在全国全面推广，到目前为止，我国农村信用社改制的工作已经基本结束，下一步农村工作的重点就是解决农村保险问题，这为农业巨灾保险的发展提供了难得的良机。

2004 年初，中国保监会对未来中国保险的发展提出了具体的规划，明确今后中国保险业大体分三步走（地震巨灾保险、农业巨灾保险和洪水、风暴等巨灾保险的研究）。在讨论保险业十一五规划中，进一步明确了巨灾保险（特别是农业巨灾保险）是我国保险业的工作重点和对农业巨灾保险的优惠政策，这为我国农业巨灾保险指明了政策方向，提供了宝贵的发展机遇。

4.2.2.2　保险公司竞争全球化为农业巨灾发展提供了契机

世界经济的一体化有力地推动和促进了全球保险业的一体化，自 20 世纪 90 年代以来，全球保险一体化的步伐明显加快，使保险业实际上呈现出无国界经营态势，导致国际保险市场份额和市场格局的重新调整，从而推动和促进了国内保险业的发展。特别是在我国加入 WTO 以后，中国保险市场将逐步对外开放，目前已经有 37 家（截至 2004 年底）外资保险公司进入中国保险市场，法国安盟就准备在中国推出巨灾保险，中国保险业的竞争呈现出加速激烈的态势[91]。因此，面对全球保险业一体化的大趋势，我国保险业一方面要通过完善保险制度和管理体制，扩张壮大自身实力，加速培养一批经营先进、效益优良的大型保险公司和保险集团，壮大竞争实力，同时要不断开发新的保险品种（如农业巨灾保险），逐步实现保险资金运用的多元化，以适应全球保险业一体化发展的趋势。

4.2.2.3　证券市场的发展为巨灾保险证券化提供了一定的基础

我国的证券市场在最近几年发展得十分迅速，1992 年以来，我国股票市场总市值增长迅速，截至 2004 年底，股票总市值已达 38329.13 亿元人民币，相当于当年 GDP 的 53.79 %；债券市场的发行额也逐年增长，截至 2004 年底，我国债券余额合计约 2.77 万亿元，占当年 GDP 的 38.87 %；我国股票市场和债券市场资本总量合计达到 6.6 万亿元人民币，远远超出我国财产保险业资本总量[92]。因此，我国的资本市场就可以为巨灾风险的证券化提供一个比较雄厚的资本基础，这给解决巨灾问题提供了一个良好的平台。

另外，随着我国证券市场的发展，广大投资者对债券已经有了一定的认知接受度，巨灾债券等新型金融工具也完全有可能成为国内保险业规避巨灾风险、提高承保能力和偿付能力的方法。因此，通过巨灾风险证券化，集中全社会的资源，缓解地震、洪水等巨灾对社会和人民生活的冲击是可行的。

4.2.2.4　我国保险业的发展为开展农业巨灾保险奠定了一定的基础

我国保险业经过 50 多年特别是近 20 多年的发展，取得了举世瞩目的成就：保险实验范围遍及全国，保险品种涉及各行各业，先后试验和开发 500 多个保险险种[24]；保险在提供风险保障的同时，向广大农民群众进行了对现代风险管理的启蒙教育；积累了宝贵经验，培养和锻炼了一大批保险专业人才；不断进行着保险制度和体制创新，保险公司法人治理结构进一步完善，内部风险控制能力得到强化；保险公司实力不断加强，承保能力进一步得到提高；保险业不断适应对外开放的需要进行着自我调整，在扩大对外开放的同时，自身能力得到提高。所有这些成就都为我们开展农业巨灾保险打下了坚实的基础。

总之，宏观环境为农业巨灾保险提供着有力的支持。

4.3　农业巨灾保险可行性分析

通过上面的分析我们可以得出这样的基本结论：在我国开展农业巨灾保险不仅是必要的，而且是可能的，但是否可行呢？

理论上讲，一般可行性研究是投资项目最终决策前进行技术经济论证的一门科学。它的任务是综合论证一个投资项目在市场发展的前景，强调宏观政策的可行性，技术上的先进性和可行性，财务上实施的可能性，经济上的合理和有效性[93]。本书按照这一思路对我国农业巨灾保险的可行性进行分析。

4.3.1　市场分析

市场分析的目的与作用，除了为产品开发后的市场开拓打下基础外，更重要的是为确定产品开发方案提供依据。以下从市场需求、市场供给和市场均衡三个方面进行分析。

4.3.1.1　农业巨灾保险市场需求分析

吴定富表示，中国正在全面建设小康社会，农民、农村、农业"三农"问题是关键，农业保险特别是农业巨灾保险是"大有市场、大有潜力、大有可为"的。

我国农业保险起步晚、发展慢、过程跌宕起伏，仅 1950—1959 年间就经历了开办、暂停、恢复、停办的曲折历程。1982 年中国人保恢复开办农业保险，到目前为止开办农业保险且形成一定规模的主要有中国人保、中华联合财产保险公司和上海安信农业保险公司等。人保在恢复农险业务的这 20 多年中，保费收入大致呈现为倒 U 形曲线——前 10 年增长迅速，从 1982 年的 23 万元上升至 1993 年的 8.3 亿元；而后 10 年收入骤降，2000 年人保的农险保费收入为 3.87 亿元，仅为 1993 年的 46.6%，2002 年降至 3.41 亿元。人保采取战略性收缩的策略是因为农业保险无利可图，数据显示，1986 年农险的赔付率为 137.3%，亏损率为 56%；1993 年农业保险的赔付率仍高达 116%。人保的收缩策略取得了一定成效，赔付率降了下来，从 1995 年到 2000 年间农险赔付率下降了 75%；但农业保险的规模与收入也逐年下降，在整个财产险业务中只占不到 0.1% 的比例[24]。我国农业保险业务逐年萎缩，是否意味着农业巨灾保险需求也逐年下降呢？

　　事实上，我国农业巨灾保险的需求绝非逐年下降，而是逐年上升（见表 4-2），从 1998 年到 2004 年，农业保险的潜在需求量远远大于实际供给量。伴随着灾难带来的巨大危害以及保险对风险的分担与转嫁，越来越多的农民认识到投保的重要性；再加上农业生产水平的发展，农民生活质量与支付能力逐步提高，农业巨灾保险的有效需求不断上升。可见，农业巨灾保险市场存在着巨大的市场需求。

表 4-2　　　　　　我国农业巨灾保险需求状况　　　　　（单位：亿元）

年　份	1998	1999	2000	2001	2002	2003	2004
潜在需求	2504	1537	1585	1326	1289	1404	1413
实际需求	6.17	5.08	4.52	3.98	3.41	2.36	3.77
两者差额	2497.83	1531.92	1580.48	1322.01	1285.59	1401.64	1409.23

　　资料来源：《中国保险年鉴》（1999—2005）和《中国民政事业发展报告》（1999—2005）。

　　说明：这里采用农业保险的保费收入估算农业巨灾保险的实际需求量；农业巨灾灾害损失额估算农业巨灾保险的潜在需求量。

　　但现在的问题是我国农业巨灾保险市场的潜在需求是否能转换为实际需求呢？这对农业巨灾保险市场具有非常重要的意义。

　　我们知道，影响农业巨灾保险的因素比较多，但主要的因素是农民收入、产品价格、政策、税收等，但最重要的是收入因素，以下就农业巨灾保险与农民收入的关系进行探讨。

　　（1）农业巨灾保险需求与农民收入的基本关系

　　$Q = F(Y, P)$，其中 Q 表示农业巨灾保险[①]的需求量，F 表示函数关系，Y 表示农民收入[②]，P 表示农业保险费率，其他影响因素在本书中暂不予以考虑。由于农民在生产过程中时刻需面对巨灾损失风险，而农民本身规避风险的能力较弱，只有投保农业巨灾保险才可有效地分散和转移风险，减少损失。故绝大多数农民是很想投保农业巨灾保险的，在这种情况下，收入就成为制约需求大小的主要因素。在收入水平较低时，有限的收入需要用于基本生活保障，不会购买保险，只有当收入水平达到某一临界水平时，才会产生保险需求。以全国平均低保标准每人每月 155元，即每年 1860 元作为临界值具有一定参照意义。只有当农民收入大于此临界值时，农民才会有农业巨灾保险需求。随着农民收入的增加，农业保险的需求量是递增的，但增加的幅度会越来越小。

　　（2）两个变量间的回归关系

　　以 X 表示农业巨灾保险的需求量（农业巨灾保险保费总收入），用 Y 表示农民的收入，可以建立以下回归方程：

　　$\hat{x}_t = \hat{a}_1 + \hat{a}_2 Y_t$

---

　　①　农业巨灾保险仅指对种植业和养殖业生产者在生产和初加工过程中，遭受自然灾害或意外事故所造成的巨灾损失提供经济补偿的保险保障制度。

　　②　农民收入是指一年内农民通过劳动获得的货币收入，包括农业收入和非农业收入。农业保险仅指对种植业和养殖业。

两者的相关系数：

$$P = \frac{\text{Cov } (X, Y)}{\text{Var } (X) \text{ Var } (Y)}$$

样本的相关系数 $r = \dfrac{\Sigma (X_t - \overline{X}) (Y_t - \overline{Y})}{\sqrt{\Sigma (X_t - \overline{X})^2 \Sigma (Y_t - \overline{Y}^2)}}$

或者有 $r = \dfrac{n \Sigma X_t Y_t - \Sigma X_t \Sigma Y_t}{\sqrt{n \Sigma X_t^2 - (\Sigma X_t)^2 (n \Sigma Y_t^2 - (\Sigma Y_t)^2)}}$

当相关系数 $r = 0$ 时，说明 X 与 Y 的样本观测值之间不存在线性相关关系；当 $0 < |r| < 1$ 时，X 与 Y 间存在着一定的线性关系；当 $|r| \geqslant 0.8$ 时，X 与 Y 间高度相关；当 $|r| = 1$ 时，X 与 Y 间完全线性相关。

（3）以陕西省乾县的数据进行相关分析

2003 年末，该县总人口为 38.1 万人，其中农业人口 35.5 万人，占总人口的 93.06%，这种人口结构在我国西部地区十分常见，是典型的农业县。该县自然灾害发生频繁，干旱、冰雹等灾害时有发生，当地保险公司所承保的农业保险连续 5 年赔付率超过 100%，为净亏损业务。以该县 1999 年到 2003 年 5 年的农民收入和农险保费收入为样本，利用上述公式，计算两者的相关系数 $r = 266.85/278.06 \approx 0.96$。

$n = 5$，$\Sigma X_t = 58713625$，$\Sigma X_t^2 = 7781140412$，$\Sigma Y_t = 547708316$，$\Sigma Y_t^2 = 63186714416$，$(\Sigma X_t)^2 = 3446864155$，$(\Sigma Y_t)^2 = 2999752914756$，$\Sigma X_t^* Y_t = 689054769$

由于相关系数是利用样本数据计算的，带有一定的随机性，样本容量越小其可信程度越差，故需要检验可信度。依据上述计算结果，在 95% 置信区间下（即 α 取值为 5%）根据公式 $t = \dfrac{r \sqrt{n-2}}{1 - r^2}$，得 $t = 1.6627/0.28 = 5.938$。以 5% 的显著性水平和 3

的自由度（5-2=3），得 t 临界值 t_a = 3.1824，｜t｜> t_a/2。这表明在统计上是显著的，即实际当中农民收入与农业巨灾保险需求是高度相关的（见表4-3）。

表4-3　乾县1999—2003年农民收入与农业保险保费收入

年　份	1999	2000	2001	2002	2003
农业巨灾保险需求（元）	712574	833956	1014723	1442389	1858720
农民收入（元）	76560126	87497288	133746464	122562192	147342246

资料来源：乾县农业管理部门和当地保险公司。

（4）农业巨灾保险需求的收入弹性分析

农业巨灾保险需求的收入弹性是指农业巨灾保险需求量变动对农民收入变动的反映程度。以 E_m 表示农民巨灾保险需求的收入弹性，以 Q 表示农业巨灾保险需求量，Y 表示农民全年总收入，$\triangle Q$ 表示需求的变化幅度，$\triangle Y$ 表示农民收入的变化量幅度，则 E_m =（$\triangle Q/Q$）/（$\triangle Y/Y$）。依据该县上述数据，计算该县2003年农业巨灾保险需求的收入弹性，E_m = 1.43 > 1。这说明该县农业生产因受自然灾害的侵扰频繁，在农民收入达到一定水平后，除增长的收入全部用于购买农业保险外，还动用一部分以前年度收入用于保险支出，以达到转移风险、减少意外损失的目的。另一方面，也说明农民保险意识在逐步增强，购买保险的积极性增加。

4.3.1.2　农业巨灾保险市场供给分析

农业巨灾保险市场供给是指在一定的费率水平上，保险市场上各家保险公司愿意并且能够提供的农业巨灾保险商品的数量。在有农业巨灾保险需求的前提下，现实经济生活中农业巨灾保险市场供给的实际数量和质量，受多种因素制约。用函数公式表示为：

$S = F$（C，A，T，M，P，R，…）

式中，C 表示保险资本量，A 表示偿付能力，T 表示保险技术水平，*M* 表示经营管理水平，*P* 表示保险费率，*R* 表示保险利润率。除此之外，影响农业巨灾保险市场供给的因素还有互补品、替代品的价格、社会经济政策和政府监管等。

但通常情况下，农业巨灾保险市场供给可以用保险市场的承保能力来度量。承保能力具有多重含义，首先，它指的是保险市场能够提供的总保险金额；其次，它指的是能够提供的某些特定险种的保险金额；最后，它指的是可保风险的可保总金额。国际上，承保能力一般用保险公司总资本公积金和总准备金之和来进行衡量。

基于这个指导思想，分析我国农业巨灾保险市场的供给状况。

我国的保险公司经过 50 多年的发展，特别是改革开放以来的 20 多年的发展，从总体上来看，我国农业巨灾保险的承保能力是不断增强的（见表 4-4）。尽管实际供应量变化不大，但潜在的供应量却在不断增加。再加上国家对农业巨灾保险的鼓励和支持。使得我国农业巨灾保险人有了一定的承受能力。另一方面，农业巨灾保险可以运用风险证券化有效地增加和转移巨灾风险，通过成立巨灾基金，发行巨灾债券、巨灾证券、巨灾期货和期权等巨灾金融衍生产品，筹集资金，增强保险人的承受能力。

表 4-4　　　　我国农业巨灾保险供应状况　　　　（单位：亿元）

年份	1998	1999	2000	2001	2002	2003	2004
潜在供应量	1703.75	2066.40	3811.34	5004.19	6494.93	9122.8	11853.6
实际供应量	2.77	3.52	3.07	2.85	2.50	2.08	2.49
两者差额	1790.98	2062.88	3807.27	5001.26	6492.43	9120.72	11851.11

资料来源：《中国保险年鉴》（1999—2005）和《中国民政事业发展报告》（1999—2005）。

说明：这里采用农业保险的赔款额估算农业巨灾保险的实际供给量；保险公司承保能力 ① 估算农业巨灾保险的潜在供应量。

————————

① 保险公司承保能力为保险公司总资本公积金和总准备金之和。

4.3.1.3 农业巨灾保险市场均衡分析

如果用传统保险理论的可保风险条件来衡量巨灾风险的话，农业巨灾风险至少在以下两个方面是不符合要求的：

一是一定地域空间内农业巨灾即使在较长的时期也很少发生，而一旦发生作为风险载体的农产品极易普遍严重受损，农业巨灾保险往往伴随着相当程度的责任累积。农业巨灾事故一旦发生，大量的保险标的将会因这同一个风险事件而同时遭受损失，导致保险人的责任累积，严重影响到保险公司经营的稳定性。

二是农民对保险费的经济负担能力和心理承受能力的限制，农业巨灾保险的保险费率很难达到使保险人所收取的保险费足以抵补保险赔偿和费用支出且有剩余的水平。

因此，从以上两点来看，农业巨灾风险不是完全意义的商业性可保风险。不过传统保险理论里的可保风险的条件是建立在风险组合理论基础之上的，即保险公司通过把大量被保险人的各种风险组合起来进行管理，通过专业化的分散风险来获得稳定经营的好处。但是在现代保险经营中，尤其在保险业激烈竞争的环境下，传统的保险品种的利润空间已经越来越有限了，这个时候如果保险公司还刻意地追求可保条件的满足，则会丧失较多的市场份额。随着承保技术、风险经营管理技术的进步以及各种与巨灾风险相关的金融衍生工具的不断丰富，拓宽了可保风险的范围，使类似于农业巨灾风险这一类的"不可保"风险也被纳入了可保风险的范围，从而实行农业巨灾保险市场均衡[95]。

下面从经济学的角度来分析农业巨灾保险市场的均衡状况。

图 4-3a 表明农业巨灾保险市场处于均衡状态，农业巨灾保险的价格为 P_0，农业巨灾保险的数量为 Q_1，此时，所收保费正好能用于农业巨灾保险的赔付。图 4-3b 是我国没有农业巨灾保

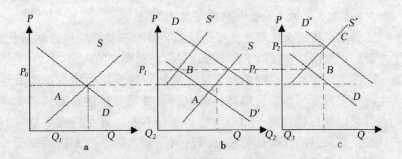

图 4 - 3　农业巨灾保险市场均衡分析

险之前市场的状况，由于我国农民收入的制约和保险意识不强，许多面临农业巨灾威胁的保险标的并未投保，许多农业巨灾保险的需求还没转化为现实，因此，需求曲线左移，即图中的 D'；另一方面，农业巨灾事件和巨额索赔的连续发生，使得保险人、再保险人的盈余急剧减少。安全性取代了传统保险的利润最大化原则成为保险公司现在首要的经营目标。因此保险人承保新业务的能力、再保险能力明显减弱；而且保险人和再保险人为了避免自身承保能力受到进一步削减，纷纷调整对巨灾损失的估计，提高保险费率和再保险费率，农业巨灾保险的供给能力大幅缩水，供给曲线左移至 S' 与 D' 的交点为 B 点。图 4 - 3c 表明，近年来随着我国经济的发展，人民生活水平显著提高，国民的风险意识不断提高，农业巨灾保险问题将逐渐表面化、显性化，作为保险需求方的个人和非保险机构进一步认识到巨灾的严重后果，更希望将这类风险转移到保险人那里。在图 4 - 3 中表现为 D'' 曲线右移至 D'' 与 S'' 的交点为 C，在该点农业巨灾保险的价格为 P_2，远高于 P_0，这主要就是由于农民对农业巨灾保险的需求快速扩大同保险公司农业巨灾保险的供给能力严重不足的矛盾所导致的。依靠目前保险公司的运作方式和产品是无法解决这个矛盾的。从国外来看，农业巨灾保险在发展的过程中也同样面临着这个问题，不过随着 ART① 方式的出现和不断成熟，人们看到了农业巨灾保险的曙光，特别是巨灾风险证券化系列产品的发展在一定程度上解决了农业巨灾保险价格过高以及农业保险供给不足的问题，为农业巨灾保险的开展提供了新的思路。

4.3.2　技术分析

和任何产品的开发一样，我国农业巨灾保险的开发也需要一定的技术支持。

4.3.2.1　国外巨灾保险的理论和实践为我们提供了很好的技术支持和借鉴

国外巨灾保险的理论研究主要集中在决策论、概率论和数理统计等方面。决策论侧重于从保险人、被保险人和政府对巨灾保险的偏好入手，研究巨灾保险市场特征，如巨灾保险需求与供给、合理的定价和转移方式等等；概率论和数理统计侧重于研究巨灾损失分布的重要类型、巨灾保险中个体保险损失或理赔之间的相关性、渐近理论、破产概率等统计性质。

国外巨灾保险的巨灾风险管理的传统方法是再保险。受再保

---

① ART 的英文全称是 Alternative Risk Transfer。本意是"可选择的风险转移方式"，因为这种方式有别于传统的风险转移方式，包括保险与再保险（原始的、现代的、当代的等），因此，习惯上，我们将 ART 翻译成非传统风险转移方式。这一特定术语最先在美国出现。起初 ART 指的是这样一些机制，它使企业能够以专业自保公司（captives）、风险自留集团（risk retention groups）、共保公司（pools）等形式为自身风险提供保险保障。最近，ART 的范围得到了拓展，包括可以为客户"量身定做"解决客户不同的具体要求以及可以提供多年度、多险种整体保障的风险融资方式。和巨灾风险一样，到目前为止，保险界也没有对 ART 进行明确的定义。一般来说，ART 是一类根据客户的具体需要而设计的，可以提供多年度、多险种的综合性保险产品，其目的在于提高风险转移的效率，通过资本市场增强自身的承保能力。ART 的出现拓宽了可保风险的范围，使以前企业自己不擅长管理的巨灾风险获得了有效的转移和管理，大大提高了企业抗风险的能力。

险的局限和影响，新型风险管理工具层出不穷，保险公司面对巨灾风险时主要运用的是风险管理策略，大致可以分为资产避险、负债避险、损失后融资杠杆管理及协同行动计划四大类[96]，应该说巨灾产品及其衍生产品不断（表4-5和表4-6）发展，为有效地分散和转移巨灾风险提供了很好的工具，值得我们学习和借鉴。

表4-5　　　　　　　1996—1999 年巨灾债券的发行概况

分保公司	承销商	发行日期	发行规模（百万美元）	说　明
Hanover Re.	Citibank	1996	100	美国、欧洲、日本的巨灾损失
St. Paul Companies	Goldman Sachs	1996	68.5	美国、欧洲的巨灾风险
Winter- thur	Lynch Goldman Sachs	1997	477	美国单一飓风损失超过 6000 辆承保汽车
Swiss Re. Tokyo Ma- rine ＆ Fire Insur Ance	Merrill Lehman Brothers SR Earthquake Fund Ltd	1997	137	美国单次飓风导致 USAA 损失超过 10 亿美元以上的部分
	Swiss Re. Capital Markets Goldman Sachs	1997	100	东京发生地震规模超过 7.1 级以上所造成的损失
Centre Solutions	Donaldson Lufkin & Jenrette Zurich Capital Markets Centre Sachs Chase	1998	83.5	佛罗里达州飓风
USAA	Merrill Lynch Goldman Sachs Lehman Brothers	1998	450	美国单次飓风导致 USAA 损失超过 10 亿美元以上的部分

续表

分保公司	承销商	发行日期	发行规模（百万美元）	说明
CAN	CAN Hedge Financial	1998	30	加州地震
Toyota Motor Credit Corp	Goldman Sachs	1998	222	Residual Value Risk
St. Paul Re.	Goldman Sachs	1998	54	St. Paul Re. 在美国所有巨灾超额损失再保险的赔款风险
Allianz	Goldman Sachs	1998	150	德国的风暴冰雹
Kemper	Aon Capital Markets	1999	100	美国中西区的地震风险
St. Paul Re.	Goldman Sachs E. W. Blanch Capital Markets	1999	45	St. Paul Re. 在美国所有巨灾超额损失再保险的赔款风险
Disneyland Tokyo	Goldman Sachs	1999	100	东京地区发生规模 6.5 级以上的地震所导致 Disneyland 的损失
Sorema	Merrill Lynch Aon Capital Markets	1999	17	日本欧洲地区的地震暴风
USAA	Merrill Lynch Goldman Sachs	1999	200	美国沿海地区的飓风
Koch Energy Trading Inc.	Goldman Sachs	1999	50	气候风险组合交换

续表

分保公司	承销商	发行日期	发行规模（百万美元）	说　明
American Re. Capital Markets Inc.	American Re. Securities Merrill Lynch Salomon Smith Barney	1999	182	美国东部海湾沿岸所遭受的飓风中西部加州的地震
Gerling Global Re.	Goldman Sachs Aon Capital Markets	1999	100	美国巨灾超额再保险所承保的风险

资料来源：谢丹：《巨灾保险证券化与巨灾债券在我国的应用》，2002，第 22 页。

表 4-6　　　1993—1997 年巨灾准备金期票发行表

发行人	发行时间	周期	本金（百万美元）	回报率（%）
Anthem	3/26/97	30	200	9.04
Jackson National	3/13/97	30	250	8.18
Lumbermens Mutual	19/6/96	30	400	9.18
Equitable	12/13/95	10	400	6.98
Equitable	12/13/95	20	200	7.73
Metropolitan Life	11/08/95	30	250	7.00
Metropolitan Life	11/08/95	20	200	7.73
Minnesota Mutual	9/21/95	30	125	8.25
Liberty	5/11/95	30	150	8.52
Liberty	4/27/99	12	250	8.24
Principal Mutual	3/03/94	50	100	8.09
Principal Mutual	3/03/94	30	200	7.94

续表

发行人	发行时间	周期	本金（百万美元）	回报率（%）
John Hancock	2/25/94	30	450	7.44
New England Mutual	2/03/94	30	150	7.94
General Amer. Life	1/14/94	30	107	7.72
New York Life	12/08/99	10	150	6.4
New York Life	12/08/99	30	300	7.52

资料来源：Kenneth A. Froot, "The Evolving Market for Catastrophic Event Risk", 1999.

国外巨灾理论特别是其实践经过 30 多年的发展，证明了农业巨灾保险的可行性，给我国开展农业巨灾保险指明了方向，提供了宝贵的技术支持和借鉴。

4.3.2.2　我国巨灾保险定价系统初步建立

我国的保险公司由于缺少经验数据积累和相关的精算技术，对巨灾保险业务大多小心翼翼。

但近年来我国灾害学的蓬勃发展，为我国引进农业巨灾保险提供了一个良好的风险评估基础。1997 年中国保险研究所、中国人民保险公司联合国家地震局和国家科委等多个部门共同分析了我国地震灾害损失分布情况，估计了地震灾害的最大可能损失，提出了几种地震保险方案，绘制了我国地震保险纯费率图，构建了地震风险管理系统保险模型框架等。1998 年，瑞士再保险公司与北京师范大学合作，联合绘制了"中国巨型电子灾难地图"，该项目已于 2002 年底完工[97]。该图搜集了从 12 世纪至今我国的历史、地理及气候等各类数据，这张地图将为保险公司大胆涉足地震、洪水等巨灾保险市场提供有力的风险评估依据，保险公司在做巨灾业务时就可以以精确的原始数据为依据，准确地制定不同的费率水平。

　　另外，当代科学的进步，使农业巨灾预测的准确性不断提高，对发生地点、强度、频率和不同强度损失的预测也不断接近实际情况。尽管专家不能准确预测不同强度农业巨灾发生的概率，但他们能计算出来农业巨灾发生的最大概率（Maximum Credible Probability）和最可能的最大损失（Probable Maximum Loss），为保险人的承保提高科学的依据，使保险人承保农业巨灾风险成为可能的选择。

第五章 国外农业巨灾保险
制度及其启示

探索和建立农业巨灾风险保障体系和运行机制是当今世界各国关注和研究的课题。我们要研究和借鉴一些国外农业巨灾风险保障的基本制度和管理经验，尽快建立适应我国实际国情的农业巨灾保险体系。本章通过对美国、日本、法国等国的农业巨灾保险制度的考察，总结它们的经验和做法，为我国农业巨灾保险制度的建设提供有益的启示。

5.1 美国农业巨灾保险制度

半个多世纪以来，美国联邦政府对农业保险体系不断进行改革和调整，在保险立法、保险制度完善、农业风险管理、险种设计及保险技术的创新等方面，为世界各国开办农业保险提供了多方面的经验。

5.1.1 农业巨灾保险发展阶段

美国是世界上开办农业巨灾保险业最早的国家之一。早在1938 年美国国会就通过了《联邦农作物保险法》，并依法组建了美国联邦农作物保险公司，隶属于联邦政府农业部。此后，大致经历了三个发展阶段[98]：

第一阶段（1938—1980）。农作物单产保险一直处于试验性阶段，只是对大豆、土豆、小麦、玉米等少数作物和局部地区实行保险。在 70 年代，联邦政府为救助农民的灾害损失同时提供了两个项目，一个是农作物保险项目，另一个是固定的无偿灾害救援项目，政府每年需支付五六亿美元，财政负担很重，而且农民并不理解，客观上鼓励了在高风险地区从事生产。

第二阶段（1980—1994）。1980 年联邦政府决定将农作物保险项目作为主要的灾害救援形式：一是扩大了单产保险覆盖的作物种类和区域，提供保险的作物种类扩大到 58 类；二是要求通过私营公司销售和操作保险程序；三是提高了保费率的补贴水平，补贴达到保费的 30%—96%[99]。但扩大了的作物保险项目并未达到取代无偿灾害救援项目的目的。无偿救援项目仍然几乎每年被通过，农民购买有偿保险的积极性不大。

第三阶段（1994 年以后）。联邦政府又颁布了《联邦农作物保险改革法案》，对管理体制、经营方式及有关政策进行了调整，其主要内容有：一是停止预算外补助项目，减低政府财政负担；二是提供大灾最低保险，农民付 1 美元保费，政府补贴 2.5 美元[100]；三是建立非保险救援项目，要求农户提交面积产量记录；四是开设农作物收入保险试点项目。

5.1.2　农业巨灾保险的基本内容
5.1.2.1　特别灾害救助计划

美国的巨灾农业保险源于 80 年代的"特别灾害救助计划"。该计划主要是对小麦、高粱、玉米、大麦、高地棉和水稻生产因不利气候而无法播种、栽培或异常低产造成的损失由政府进行赔偿。凡是参加价格支持计划和收入支持计划的农民都可以获得赔偿。这样一来，在某种程度上，灾害补充计划实际上是一种"不收保费"的作物保险。美国农业部以各种形式进行补偿，资金总计 250 亿美元[101]（见图 5 - 1），也直接影响到了农民不参加作物保险。

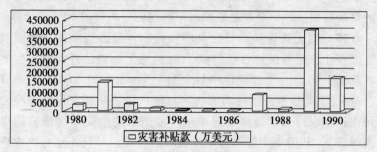

图 5 - 1 1980—1990 年美国农业灾害补贴情况

（单位：万美元）

资料来源：美国农业部 2001 年相关资料。

5.1.2.2 巨灾风险保障机制（Catastrophic Risk Protection）

到了 90 年代，针对 80 年代美国农业保险中存在的问题，经过连续几年国会的辩论，美国终于在 1994 年通过了新修订的《1994 年农作物保险改革法案》[102]，根据该法案，考虑到"不交保费的保险"对农作物保险的替代作用，取消了"巨大灾害救助计划"，同时决定建立新的"巨灾风险保障机制"（Catastrophic Risk Protection）。

农业巨灾保险为农业生产者提供了一个基本的安全底线，以帮助他们抵御在农业上遭受的重大的、突发性的损失。农业巨灾保险的保险范围主要是对由于水灾、旱灾、风灾、火灾、冰雹、低温多雨和病虫害等一些不可抗拒的因素所造成的农业损失进行保险。与其他保险不同：一是它带有一定的强制性（除非加入了多种灾害性保险）；二是只有一个保险级别，即 50% 的保险级别[103]。其主要内容是：

（1）对农作物平均产量的核定与保险。对农户的平均产量提供 50% 的保险，条件是农户必须提交最近 4 年或 4 年以上的产量记录,当地保险公司在这个产量记录的平均数上进行50%的保险赔偿。赔偿金额是根据当年所预计市场价的60%来计算。

(2) 对无法提供产量记录的农作物保险办理办法。美国农业部农业稳定与保护署 (ASCS) 在同地区、同品种和常年生产的基础上确定一个过渡性项目产量 (Transitional Yield, 简称 T 产量), T 产量是一种可调节的项目性产量,联邦农作物保险公司往往在农户无法提供最近 4 年产量记录的前提下 (或只能提供部分),利用 T 产量作为一种临时的替代。一旦 4 年后该农户有了自己的产量记录,这种 T 产量则自然消失,从此这个 4 年的平均产量将作为今后 10 年的投保产量。T 产量的标准也是根据农户所能提供的产量记录而异,例如,3 年记录加上 1 年 T 产量的100%;2 年记录 +2 年 T 产量的90%;1 年记录 +3 年 T 产量的80%;然后在此基础上计算出一个平均数来作为其投保产量。如果是零纪录的话,那么只能按 4 年 T 产量的 65% 来计算,这样农户的利益将受到一定的损失。因此,农户们被要求尽量提供过去的生产产量记录,这在很大程度上能使他们获得较高的保险额。

(3) 保险手续费及保险范围。每个县每种农作物每年的保险手续费 50—200 美元不等。但对于特种农作物的种植者来说,经过申报,手续费也可免除。

(4) 申请地点及期限。申请地点一般是在美国农业部 (USDA) 设在当地的办事处,也可通过农业保险公司代理人帮助办理,在办事处可索取到代理人的一套名单表。申请保险的期限有着严格的规定,一般在该项农作物开播之前明确保险申请人的责任及义务:必须在规定的时间内办理好保险申请;尽可能提供完整的产量历史记录;交付申请保险手续费;按时填报作物种植面积报表;提供最快的农业损失报告;提供有关损失的数量及原因的证明材料;报告下一个收割季节的生产情况。

5.1.2.3　其他农业巨灾保险

多风险保险保障制度可以看作是在巨灾风险保险基础上提供的更高商品的保险保障。它是经过改造的关于农作物的一切保险，包括巨灾保险（CAT）。保险的产量商品可在前4年平均产量的65%到75%之间进行选定，发生巨灾损失时的赔偿按事先选定价格的100%计算[97]。保费的高低取决于不同作物、不同地区、选定的保障商品和选定的价格，购买这种保险就不必另外购买CAT。

在区域风险保险计划中，农户在遭遇到农业巨灾的时候，可以有权获得"农民家庭紧急贷款计划"、"互助储备计划"等支持，在一定程度上可以起到稳定农户生活帮助农户恢复农业生产的作用。

5.1.3　农业巨灾保险体系

美国农业巨灾保险体系隶属于美国农业保险体系[104]（见图5-2），没有建立独立的体系进行管理。由联邦农作物保险公司、私营保险公司与农作物保险协会共同参与，相互联系，并发挥各自不同的功能和作用。

一是美国联邦农作物保险公司。它是美国农业部下属的一家全资公司，其主要职能：统一制定法律、法规、险种、条款、费率等规章制度和批单，然后下达到各保险服务机构及私营公司执行；利用自己本身的地方机构直接办理农作物保险业务；选择信誉较好的私营保险公司办理保险业务，并对其进行监管。

二是私营保险公司。是指经过批准并向其提供再保险的私人保险机构。办理农作物保险必须执行由联邦农作物保险公司制定的条款、费率及事务手续，并获得联邦政府费用补贴。由于私人保险公司的参与，减少了政府农业保险公司的工作量，对精简机构，节约行政费用开支起到了很好的作用，并减少了保户的

"道德风险"。1995 年，全美私营的农业保险公司已有 24 家，拥有 17000 个销售经纪人[105]。

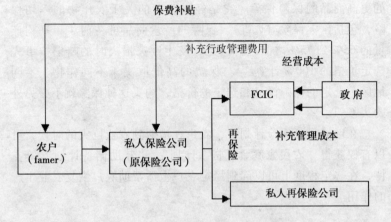

图 5 - 2　美国农业巨灾保险体系

资料来源：庹国柱、王国军：《中国农业保险与农村社会保障制度研究》，2002，p. 11。

三是美国农作物保险协会。是非营利性的保险行业服务组织，主要职能是为立法行政机构提供全面和有效的陈述；为协会成员提供与联邦农作物保险公司联系的统一合法和有效的手段；为农民提供灾害保护；提供农作物的法律政策援助和政策指导。

5.1.4　农业巨灾保险的政策支持

为了稳定农村经济，提高国民整体福利水平，美国联邦政府对农村经济采取了全方位的扶持政策，特别是对农业巨灾保险，采取的主要政策有：

一是法律支持。美国政府不断地对《联邦农作物保险法》进行修订，并及时制定相关法律。如 1980 年重新颁布的《联邦农作物保险法》和 1994 年美国国会颁布的美国《联邦农作物保险改革法案》，为联邦政府农业巨灾保险的顺利开展提供了法律保障。

二是财政支持。除了给农业巨灾保险的一般保费补贴以外，美国政府对农作物保险的财政支持主要包括以下三个方面：一是巨灾超额赔款。对超过一定规模的农业巨灾保险损失，政府全额的赔款，即超额赔款。二是保费补贴，即向经营农作物保险的私营保险公司提供20%—25%的业务费用（包括定损费）补贴。三是美国国会还于2000年6月通过了一项农业风险保护法，计划在未来5年内提供总计82亿美元的财政支出，补贴农业保险。布什总统也在2001年1月的施政纲领中宣布，将在未来10年内耗资76亿美元用于完善农业保险制度[106]。可见，美国的农业保险虽然主要是由私营（商业）保险公司经营，但是联邦政府却为之提供了强大的财政支持。

三是再保险支持。由联邦政府通过联邦农作物保险公司向私营保险公司提供比例再保险和超额损失再保险保障，即通过分保的形式降低私营保险公司的经营风险，保证农作物保险制度的平稳进行。

四是免税和补贴。《联邦农作物保险法》明确规定联邦政府、州政府及其他地方政府对农作物保险免征一切税负，并且通过其他法律鼓励各州政府适当提供农作物保险专项补贴。据美国农业部统计，美国农业保险的各项补贴占保险费的2/3左右，仅2001年各地政府的专项补贴就达到了23.8亿美元[107]。

5.1.5　农业巨灾保险的运行情况

美国政府开展农作物保险的目的是建立农村经济"安全网"，稳定农村经济，提高国民整体福利水平。目前，美国可以参加农作物保险的作物达100余种。2000年，农作物保险承保的面积达809000公顷，占可保面积的76%；200万农户中有131万农户投保农作物保险，占农户总数的65%[108]。1981—

2000 年累计收取纯保费 198.1 亿美元，累计赔款支出 202.4 亿美元，20 年的平均赔付率为 102%[109]。

　　美国的农业巨灾保险是其社会福利的一部分，但它们巧妙地利用了保险这种社会互助形式。当然，政府也为实施这个计划付出了高昂的代价，用于农业巨灾保险的超额赔款逐年增加（见图5－3）。从 1981 年到 1999 年累计赔付 5380.6 百万美元[110]。如此高昂的成本是其他国家特别是发展中国家无法承受的。

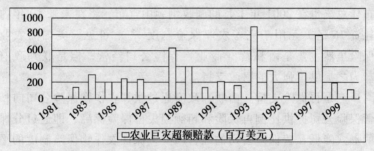

图 5－3　美国 1981—1999 年农业巨灾保险超额
赔款情况（单位：百万美元）

资料来源：美国农业部，2001 年相关资料。

5.1.6　农业巨灾保险风险管理办法

　　农业巨灾风险是非常巨大的。因此，美国政府采取了财政、税收、再保险和紧急贷款，特别是采用了农业巨灾证券化等手段来分散和转移农业巨灾风险。

5.1.6.1　财政手段

　　美国将农业巨灾保险计划作为农业灾害保障的主要形式，使其成为社会福利制度的一部分，政府对农业保险给予了高度的重视和大力支持。1980 年到 1999 年，政府为举办政策性农业保险共支出约 150 亿美元。仅 1999 年，政府给农作物保险的财政补贴就达 22.4 亿美元，其中保费补贴 13.53 亿美元；农民共缴纳农业保险保费 11.74 亿美元，因灾害和价格损失获得的经济补偿额达到 24.09 亿美元[111]。财政补贴对保证农业巨灾保险的顺利开展、补偿农民损失、保障农民收入起到了重大作用。

5.1.6.2　再保险手段

由联邦政府通过联邦农作物保险公司向私营保险公司提供比例再保险和超额损失再保险保障，即通过分保的形式降低私营保险公司的经营风险，保证农作物保险制度的平稳进行，降低了私人保险公司的农业巨灾保险风险。

美国政府对每个州的最高分保比率进行了限制。并且，每个州的最高限制从 10% 到 75% 有所不同。这使得美国农业巨灾再保险率一般比率较高（见表 5 - 1）。在没有特殊约束的条件下，原保险人必须自留账面净保费的 20%，并将此部分保险合同的偿付与分派风险基金相挂钩。没有自留的部分必须向联邦农作物保险公司进行再保险，同时作为交换，联邦农作物保险公司承担一定比例的农作物保险保费。原保险公司必须至少自留整个农作物保险账面业务的 35%（见表 5 - 2）[112]。非比例再保险为原保险人自留额业务的赔付提供了保障。联邦农作物保险公司对原保险人采用累进制计算的办法，在此种方法下，原保险人的不同累进阶段的损失比率升高的时候，其相应的累进阶段的最终净损失比率就会下降。

表 5 - 1　　　　美国 1990—1999 年农业巨灾再保险率　　　（%）

年　份	1990	1991	1992	1993	1994	1995	1996	1997	1998	1999
再保险率	17.3	17.2	17.6	18.6	20.7	21.5	19.9	19.1	18.0	19.6

资料来源：industry Schedule P for Property Lines Business.

表 5-2　　　　　　　原保险人对最终损失承担的比率表

损失比率（%）	再保险合同项目下的基金名称	原保险人承担的损失比率（%）		
		收入保险	巨灾保险	其他
超过 100 小于等于 160	商业基金	57	50	50
	发展基金	30	25	25
	分派风险基金	—	—	5

资料来源：Scott Fancher, FCIC's Standard Reinsurance Agreement, Working Paper of The National Agricultural Law Center, University of Arkansas School of Law.

5.1.6.3　紧急贷款手段

1980 年，美国政府经过几年的激烈争论，出台了《联邦农作物保险改革法案》，新推出了一种区域风险计划（Group Risk Plan, 简称 GRP），规定当农户遇到农业巨灾，遭受巨大农业损失，严重影响到家庭生产和生活的时候，只要参加区域风险保险计划的农户，就可以有权获得"农民家庭紧急贷款计划"的援助。从 1980 年到 1990 年 10 年间，农户通过紧急贷款计划总计获得了 1008998.5 万美元（见图 5-4）的紧急贷款支持[113]。农户发挥获得的紧急贷款对于稳定农户的生活、恢复农业生产发挥了积极的作用。

5.1.6.4　农业巨灾风险证券化

保险业用金融手段为大规模自然灾害提供资金源于 20 世纪 80 年代末期和 90 年代初期的一系列自然灾害的发生。据统计，1987—1995 年间，平均巨灾赔款超过 150 亿美元，1997 年巨灾风险使保险业损失超过 220 亿美元[114]。保险公司遭受到巨大的损失，飞涨的成本、对灾害再保险供给的不足以及灾害所具有的高风险性，促使保险业将目光放到资本市场上来寻求事前和事后的资金来源。

把保险与金融市场结合起来为农业灾害提供风险保障，是一个新趋势，它通过发行具有特定约束条件的要求权，并将其直接

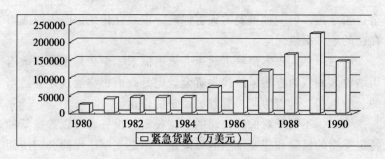

图 5 - 4　1980—1990 年美国农业保险紧急贷款情况

（单位：万美元）

资料来源：美国农业部 2001 年相关资料。

卖给金融投资者来实现风险转移的目的。美国芝加哥交易所
1995 年发行了自然灾害期权，1997 年发行了自然灾害债券。巨
灾风险保障的出现，减少了交易成本，吸引了外部资本。

（1）农业巨灾保险证券化优点

第一，与天气相关的灾害风险与资本市场波动无关。据研
究，1970—1994 年间，承保灾害再保险的收益与 S&P 500（蒲氏
耳股票价格综合指数）收益的相关性为 - 0.13，而同样对比，
对美国的政府债券来说，收益的相关性为 - 0.07。[115] 因此，这
种支付条件与特定的自然巨灾事件的发生相联系的债券，对投资
者来说更有吸引力，更有利于有价证券投资的多样化。保险公司
则得到了更为廉价的突发灾害所需的应急资金，因为这种债券与
无风险的资产相比并不要求太高的收益。

第二，资本市场所提供的资金远远超过保险业可用的资金。
美国资本市场的平均日交易额为 1300 亿美元，而一个自然灾害
所造成的 500 亿美元的最大潜在损失，还不足以使资本市场发生
动荡。因此，资本市场提供的金融资本完全可以承担某一自然灾
害所产生的最悲观的损失估计，保险公司能够从中得到充足的资

金，去承担任何一种重要的灾害保险，以及在传统保险失败或不存在的地方提供保险。

第三，私人资本消除了政府介入的需求，至少是不需要政府用纳税人的钱为直接风险提供资金。但是政府仍将通过建立适当的金融机构，起着协调、管理、监督的作用。

第四，不同于对保险公司的直接投资，投资者可以选择某种特定类型的风险和想要承担的风险量，不必受制于保险公司所面对的全部风险，如公司管理的金融风险等。

（2）农业巨灾保险证券化

第一，偶然的盈余的票据。灾害风险保障的早期尝试是发行一种"偶然的盈余的票据"，1995年美国国家保险公司发行了4亿美元的这种票据[116]。在"偶然的盈余的票据"实施中，投资的资本被投入专业信托基金，信托基金发行承担债务的附息债券。这些资本最初通过国库券的形式得到保障，但在合同期内当事先规定的事件发生时，保险公司有权用盈余的票据代替国库券。盈余的票据的利率高于国库券，但它能为保险公司提供来源有保障的应急资金。由于受到规章的限制，盈余的票据只有在超过保险公司盈余时才能被支付，因此，投资者还是受制于保险公司一般的商业风险。

第二，巨灾债券。巨灾债券是1997年以来另一种被成功运用的金融手段，基本做法是保险公司通过选择的再保险机构或特定的专业公司发行承担债务的附息证券。保险公司保留根据公司特定损失或全行业损失的情况改变债券利息率的权利。1997年US-AA共发行了4.77亿美元的两种形式的巨灾债券[117]。投资者根据资本金正常获取利息，如果在保障期内，引发事件发生，投资者将失去利息或者利息和资本金全部丧失。引发事件则在合同中事先规定。这种发行被超额认购，产生了大量的二级市场交易，也使得机构和个人投资者在分担风险的债券上得到了相当大的收益。

　　此后，美国政府每年都要发行一定数量的农业巨灾债券（见图5-5），从1997年到2004年总计发行了18403百万美元的农业巨灾债券[118]。

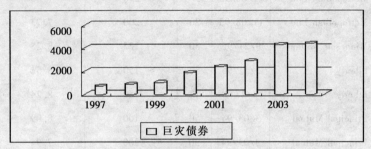

图5-5　美国农业巨灾债券发行情况（百万美元）

资料来源：GAO Analysis of Swiss Re Capital Markets Data.

　　第三，农业巨灾准备金期票。美国在20世纪80年代以后，开始尝试发行农业巨灾准备金期票，到20世纪90年代才大量发行（见表5-3）。其目的是为美国农业巨灾提供保险基金，当农业巨灾发生的时候，通过该准备金对超过一定数额的农业巨灾保险损失提供资金支持。

表5-3　　　　　　1993—1997年巨灾准备金期票发行表

发行人	发行时间	周期	本金（百万美元）	回报率（%）
Anthem	3/26/97	30	200	9.04
Jackson National	3/13/97	30	250	8.18
Lumbermens Mutual	19/6/96	30	400	9.18
Equitable	12/13/95	10	400	6.98
Equitable	12/13/95	20	200	7.73

续表

发行人	发行时间	周期	本金（百万美元）	回报率（%）
Metropolitan Life	11/08/95	30	250	7.00
Metropolitan Life	11/08/95	20	200	7.73
Minnesota Mutual	9/21/95	30	125	8.25
Liberty	5/11/95	30	150	8.52
Liberty	4/27/9	12	250	8.24
Principal Mutual	3/03/94	50	100	8.09
Principal Mutual	3/03/94	30	200	7.94
John Hancock	2/25/94	30	450	7.44
New England Mutual	2/03/94	30	150	7.94
General Amer. Life	1/14/94	30	107	7.72
New York Life	12/08/99	10	150	6.4
New York Life	12/08/99	30	300	7.52

资料来源：Kenneth A. Froot，"The Evolving Market for Catastrophic Event Risk"，1999.

第四，以指数为基础的保险合约。伴随保险与金融市场融合，一个问题就是引发事件是与保险公司遭受的损失相联系的，而外部投资者并不能清晰的监控保险公司的实际财政情况或其承保的业务活动，这就产生潜在的道德风险问题。

解决这种道德风险的方法是依据一个客观的可测量的变量或指标来设计合约。比如指标可以是某一地区或全行业的公司的总的保险损失。应用到农业生产中，指标可以是某一县级的产量或在生长季节某一区域的降雨量等。以指标为基础的保险合约和金融衍生产品带来很小的信誉风险，直接变量的透明度使其对投资者具有吸引力，投资者可以很容易地监控业务活动。同时也便利了使金融衍生物能够进行正常交易（如选择权和期货）的二级市场的产生。

　　以指标为基础的保险合约的主要缺陷就是不能顾及单个保险公司、单个作物生产者的损失，也就是说指标引入了基本风险[119]。比如合约支付是以特定年份县级平均产量为基础的，那么产量低于县级产量的农场主如果有任何损失的话，将得不到损失赔偿。从另一方面来看，因为以指标为基础的合约赔偿不依据个体行为，这样被保险者具有不被扭曲的经济激励去减轻损失。如果一个保险公司购买一份与全行业损失相联系的合约，然后通过投资于风险防范措施，把自己的风险减到全行业平均水平之下，从而从合约中得到额外的保险费收入。对于标准再保险来说，这种措施意义不大，因为这些措施将通过相应的再保险而被抵消。总之，以指标为基础的合约对传统保险来说是一个有吸引力的选择之一，尤其是在那些传统保险失败或无效率的地方。

5.2　其他国家农业巨灾保险情况

　　世界范围内有40多个国家对农业保险特别是农业巨灾保险进行着试验和探索。世界各国由于制度、体制和发展程度不一样，对农业巨灾保险的管理体制、方法和手段均存在一定的差异（见表5-4）。

表5-4　　　　　代表性国家农业巨灾保险经营情况

国家	保险体制	风险责任	承保对象	经营机构	保险方式	风险管理方式
日本	相互制模式	雹、洪水、火灾和地震	主要农作物	农业共济组	强制	高额财政补贴、二级再保险和农业巨灾证券化

续表

国家	保险体制	风险责任	承保对象	经营机构	保险方式	风险管理方式
希腊	公有化主导型模式	冰雹、暴风、暴雨、洪水、干旱、雪灾、熊等动物对谷物践踏和家畜疾病	所有农作物和家禽	政府和联营公司	自愿	公共基金、风险管理基金以及保险投资收入
法国	私有化主导型模式	霜冻、暴风雨和冰雹	所有农作物	相互保险协会、私营保险公司	自愿	优惠利率的贷款、特别公共援助金和再保险
葡萄牙	公有与私有合作模式	火灾、冰雹、雷击、爆炸、霜冻、雪灾、龙卷风、暴雨	部分农作物和水果	农业保险基金、私营保险公司	自愿	再保险、理赔超定额补偿
墨西哥	政府主导模式	暴风、暴雨、洪水、干旱等	种植业保险和畜牧业保险	商业保险公司	自愿与强制（与农业贷款结合）结合	农业保险基金和国际再保险
菲律宾	国家重点选择扶持模式	暴风、暴雨、洪水、和家畜疾病	水稻、椰子、蔗糖、玉米、热带果林以及蔬菜	农作物保险公司	自愿与强制（与农业贷款结合）结合	保险基金、准备金（应收保费准备金、赔款准备金和总准备金）和国际再保险

续表

国家	保险体制	风险责任	承保对象	经营机构	保险方式	风险管理方式
斯里兰卡	国家重点选择扶持	暴风、暴雨、洪水、和家畜疾病	水稻、小麦等粮食作物、蚕以及以牛马、猪为主的牧畜和家禽	农业保险理事会	强制	超过 115% 以上的赔偿额均由政府负担

资料来源：根据 http://www.zgjrw.com/News/2006215/Insurance/145553343800.html 等相关资料整理。

从各国的实践情况来看，农业巨灾保险的保险体制、风险责任、承保对象、经营机构、保险方式和风险管理方式不一，效果差异比较大，但有一点是可以肯定的，那就是农业巨灾保险是农业保险里的最基本保险形式，为各国农业和农民提供着最基本的保障，并且采取各种措施和手段，转移和分散农业巨灾保险风险，当农业巨灾风险超过了市场承受能力的时候，政府事实上充当了最后"买单人"的角色[120]。

5.3 启 示

尽管世界各国之间的农业巨灾保险制度各不相同，但是总体而言各国在整个农业保险中均起到支配和导向的作用，这里我们总结各个国家在农业巨灾保险中的作用及使用政策工具的特点，并且结合保险学理论对这些特点进行分析评价，以期能为建立我国的农业巨灾保险制度提供一定的参考。

5.3.1 高度重视农业巨灾保险的重要作用

发达国家通过农业巨灾保险来稳定农民收入，调动农民的生产积极性并将其作为国家发展现代农业的重要手段。例如，美国、法国等国家，其农业巨灾保险不仅承保自然灾害风险，而且承保收入保险。发展中国家则将农业巨灾保险作为稳定粮食供给的重要手段。例如，战后初期的日本，如果没有农业巨灾保险政策，其国内粮食的供给就不能满足市场需要；菲律宾的农业巨灾保险政策对于稳定其粮食供给也起到十分重要的作用。

5.3.2 准确把握农业巨灾保险的功能定位

农业巨灾保险的功能定位有三种选择：一是作为农业巨灾风险管理功能；二是作为收入转移功能；三是兼有农业巨灾风险管理和收入转移的功能。目前，国外农业巨灾保险的功能定位大多属于第二种和第三种。从美国近几年的政策来看，它将农业巨灾保险的功能更多定位在农业巨灾风险管理功能和收入转移功能上。大多数发展中国家由于财力有限，它将农业巨灾保险的功能更多定位于巨灾风险管理。发达国家如美国的农业巨灾保险日益成为一个从财政向农业部门转移支付的重要工具（K. Goodwin，1999）[121]。但是从福利和效率的角度，政府导向型的农业巨灾保险几乎都是失败（Jerry Skees）[122]。农业巨灾保险的功能定位直接影响农业保险的发展方向和方式。保险最本质和最基本的功能就是分散风险，因此，农业巨灾保险的功能就应定位于风险管理功能。农业和农业巨灾保险的发展离不开政府和其他产业的扶持，但是如果把农业巨灾保险作为接受资助和扶持农业的手段，就会扭曲农业保险的功能，不利于农业巨灾保险的健康发展。更为重要的是，我国作为一个发展中的农业大国，政府当前还没有能力像美国那样拿出巨额的资金来资助农业巨灾保险的发展。因此，我国农业巨灾保险的发展应定位于风险管理功能，为广大农户提供生产和生活的最基本保障，在坚持市场导向的发展原则的同时，更多地依赖政府的政策性支持。

5.3.3　建立适合国情的农业巨灾保险体系

各国的具体国情不同，与之相适应的农业巨灾保险制度也存在一定的差异。美国是在农业部下设联邦农作物保险公司，而且联邦农作物保险人还利用农作物保险费率精算协会为其厘定费率，由美国农作物保险人作为宣传和支持联邦农作物保险计划的行业机构。日本的互助共济保险则是依靠农民互助组织，县级以上则依靠政府，同级并存的保险机构还有"森共联"、"渔共联"等。菲律宾农作物保险公司是以菲律宾国家银行为依托，土地改革部等作为支持部门。

5.3.4　坚持循序渐进、边际调整的原则

以美国为例，从1922年开始到现在，美国对如何建立适合本国国情且行之有效的农作物保险制度，进行了漫长的探索和不断创新，经历了先立法、后实验，先试点、后推广，先农作物、后水产和牲畜，先产量保险、后收入保险的过程，循序渐进，边际调整，逐步铺开，从而形成了现在较为完善、系统和先进的农业巨灾保险制度。

5.3.5　开展农业保险需要有健全的法制

无论是发达国家还是发展中国家，凡是农业巨灾保险业务开展得好的，都有相关法律或法规做后盾，农业巨灾保险得到法律的充分保护。上述国家对农作物保险用法律的形式规定下来，有利于农业巨灾保险的稳定经营和保护被保险人的利益。从国外农业巨灾保险发展的经验来看，我国农业巨灾保险的发展迫切需要国家的专门立法保障。

5.3.6　国家投入资金支持农业巨灾保险业务

总结国际上农业巨灾保险的做法，政府对农业巨灾保险至少

应在以下方面给予资金支持（见表5－5）：一是政府投入初始资本和准备基金。凡政府直接或间接经营的农业巨灾保险计划都是由政府出资建立初始资本和准备基金，但出资方式和比例有所不同。如美国是由财政部认捐联邦农作物保险公司一部分资本股份，菲律宾农作物保险公司也主要由政府认购公司股本。二是管理费和保险费补贴。几乎所有举办农作物一切险的保险的国家，都由政府负担全部或大部分经营管理费，包括职员工资、福利以及行政、事业和基本建设开支；保险费由政府补贴也很普遍；发生重大灾害后，农业保险准备金积累不足以支付赔款时也常得到政府的支持。三是税收方面的优惠。农业巨灾保险本身是一种政策手段，大多数国家对农业巨灾保险，主要是农作物一切险的保险经营都实行免税。美国、加拿大规定，对联邦农作物保险公司及其分支机构的一切收入和财产免征一切赋税。

表5－5　　　　部分实行政策性保险国家的政府补贴方式

国家	保费补贴	私营保险公司管理费用补贴	再保险	税收优惠
美国	√	√	√	√
加拿大	√	√	√	√
日本	√	√	√	n. a
西班牙	√	×	√	n. a
法国	√	×	×	n. a
意大利	√	×	√	n. a
葡萄牙	√	n. a	√	n. a
菲律宾	√	n. a	√	n. a

注：n. a 为信息缺失。

资料来源：（1）《农业保险》，2002；（2）European Commuru-ties. Common System of Agricultural Insurance.

5.3.7　强制或鼓励农民参与农业巨灾保险

农业巨灾的发生往往范围很广，如果要有效地分散风险，必须保证有足够多的危险单位同时投保，否则将会导致风险过于集中。同处一地的同一风险单位之中，同一种农作物，由于地理位置和经济、技术等条件不同，所面临的风险频率和强度以及作物损失程度也有差异。在自愿投保的条件下，逆向选择就难以防止。因此，有的国家，如墨西哥、菲律宾等国并不对所有农作物实行法定保险，而是实行自愿的原则，但是政府对农民在发放农业贷款、救灾的支持上则给向已经购买了农业保险的农民予以较大的倾斜。实际上，这也属于一种有条件的强制保险。有的国家对法定保险的标的也是有选择的。例如，日本对稻米、麦类、蚕茧和牛、马等实行强制保险，而对果树、蔬菜等作物和小家畜实行自愿保险。菲律宾只对那些有生产贷款的农户才实行强制保险，免得受灾后贷款收不回来。从险种方面来看，对农作物保险实行强制投保的国家多，而对饲养动物实行强制投保的国家则较少。

5.3.8　不断进行农业巨灾保险产品及衍生产品的创新

农业巨灾保险风险责任巨大，往往是一个农业保险公司难以承受的，农业巨灾保险的以多补少、自求平衡的原则也难以实现。只有把巨大的风险责任进行有效的分散和转移，克服单个保险公司承担风险的能力之不足，才能使提供农业巨灾保险的保险公司得到利益上的保障，也使投保的农民得到足够的农业巨灾险保证。这些都需要我们不断吸收和借鉴国外的经验和做法，不断进行农业巨灾保险产品及衍生产品的创新。

美国农业巨灾保险产品及衍生产品的创新，为中国农业巨灾保险的发展提供了很好的借鉴。中国是一个灾害频发的国家，面对严重的灾害损失，一直没有形成一种行之有效的应对机制，农业巨灾保险在转移、分散农业巨灾风险方面的作用也一直没有得到很好的体现。政府面临着巨大的无法分化的农业系统风险，而有限的国内农业预算又使政府无法消化这些风险带来的损失。保险证券化，使一直饱受高额赔付资金困扰的农业巨灾保险看到了一丝曙光。以保险基金、债券、期权和巨灾保险指数为基础的保险证券化的设计，可以使政府在国内发展农业巨灾保险的同时，将风险中不可分化的部分以高度缩减的交易成本，转向全球市场，形成一种融风险、利益于一体的保险运作机制，充分调动国内外投资者对农业巨灾风险保障的投资热情，从而推动中国农业巨灾保险市场的发展和完善。

第六章　农业巨灾保险制度模式

从前面的分析可以看出，我国农业巨灾保险有其必要性、可能性和可行性。国外的农业巨灾保险制度的理论和实践，为我国农业巨灾保险制度建设提供了有益的启示。那么，我国农业巨灾保险制度到底怎么设计？本章主要讨论在"二元化"农业保险体系下，我国农业巨灾保险制度模式及其选择问题。

6.1　"二元化"农业保险体系设计

6.1.1　"二元化"的农业保险体系

基于我国农业保险制度成本和农业保险资源约束的现实，要实现其效用最大化（或成本最低）和实现农业保险市场均衡，其出路在于建立和完善政策性农业巨灾保险制度。

现阶段我国政策性农业保险体系构建的基本思路是要打破目前"一元化"的农业保险体系，逐步建立和完善"二元化"的农业保险体系。即把农业巨灾保险从现有的保险体系中独立出来，将农业保险分为农业巨灾保险和一般性农业保险进行经营（见图6-1）。

农业巨灾保险和一般性农业保险是按在一个保险期内保险标的的损失大小来进行划分的，保险标的损失超过50%以上的称为农业巨灾保险，否则称为一般性的农业保险。

一般性农业保险可以采取政府支持下的政策性商业化运作的模式，巨灾农业保险则应该采取政策性运作的模式。由于目前我

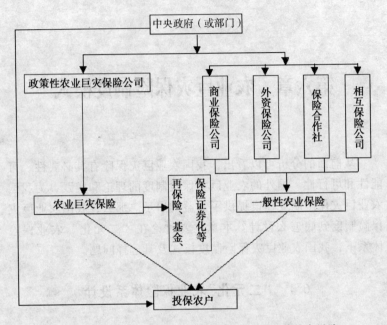

图 6-1　我国"二元化"农业保险体系构建的基本思路

国对一般性农业保险的探讨和研究比较多，本文就不做过多的诠释。研究的重点就放在了我国农业巨灾保险的制度模式选择、制度设计、风险管理和农业巨灾产品设计和定价等方面。

6.1.2　"二元化"农业保险体系的作用

逐步建立和完善"二元化"的农业保险体系，具有以下几个方面的作用：

6.1.2.1　能有效地降低农业经营风险

根据第二章关于巨灾定义的研究，我们把农业巨灾数量定义为一次性经济损失大于 3.35 亿元的农业灾害。按照这个标准，对 1995 年到 2004 年我国农业灾害和农业巨灾损失的情况进行分析,其结果是农业巨灾损失占农业灾害损失的主要部分(见图6-2)。1998年和2003年农业巨灾损失分别占农业灾害损失的87%和81%。这样看来,只要解决好农业巨灾损失的问题,农业经营风险问题也就不难解决了。

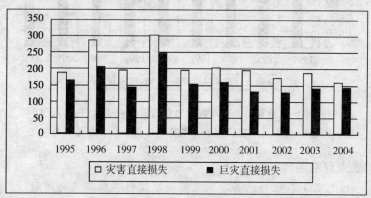

图 6-2 农业灾害直接经济损失与农业巨灾
直接经济损失(亿元)

资料来源:根据《中国民政事业发展统计报告》和相关资料整理。

6.1.2.2 能有效地降低农业保险经营风险

与命途多舛的中国农业、农村、农民一样,农业保险带有天生的"苦命基因"——农业保险中的大多数险种(尤其是种植业保险)面临的巨灾风险远高于非农业保险险种,而目前缺乏化解巨灾风险的保险手段。

对1982年到2004年我国农业保险损失及农业巨灾保险损失的情况分析结果表明:农业巨灾保险损失占到了农业保险损失绝大部分比例。个别年份(1989年和1994年),占到了90%以上(见图6-3),这样看来,只要解决了农业巨灾保险的损失问题,农业保险的损失就应该不难解决,涉农保险公司的农业保险目前亏损的情况就可得到根本性的解决,可以有效地降低涉农保险公

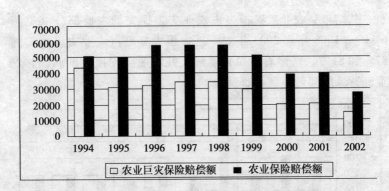

图 6-3　农业保险损失与巨灾农业保险损失（单位：万元）

资料来源：根据《中国民政事业发展统计报告》和相关资料整理。

司农业保险经营风险。

6.1.2.3　较好地解决农业保险制度性供给不足的问题

农业保险的制度性供给不足是我国目前农业保险失灵的根本原因（冯文丽，2004），要解决我国农业保险市场供给主体缺损就必须有效地增加制度性农业保险供给，发展政策性农业巨灾保险能较好地解决农业保险制度性供给不足的问题。

一方面，发展政策性农业巨灾保险能够把农业保险中的主体风险进行有效地分散，由政府和政府通过市场来承担巨灾风险。这样就能有效地降低涉农保险公司农业保险经营风险，提升农业保险公司农业保险经营的积极性，增加农业保险市场供给。

另一方面，政府可以把有限的保险资源集中起来，重点发展政策性农业巨灾保险，使本来就非常有限的资源有可能实现效用最大化。

6.1.2.4　能较好地解决农业保险的需求不足的问题

通常，成本、投入价格和技术变化会引起供给的变化，使供给曲线发生变动。农业保险商品的社会成本小于私人成本，其外部性使旁观者受益，使投入产出不足，如果政府可以对农业生产给予一定的补贴，可以使供给曲线向下移动或需求曲线向上移动

（这主要取决于补贴对象：是对保险人给予补贴还是对投保人进行补贴），移动量就是补贴量，这样将农业保险商品的外部性内在化，最终实现农业保险市场上需求和供给的均衡（见图 6 - 4）。因此，从理论上讲中国农业保险的发展离不开政府的支持。

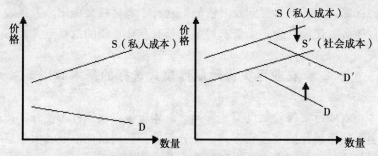

图 6 - 4　自愿投保和政府补贴情况下供求曲线

农业保险的高费用、高费率与农民购买力较低的矛盾是目前农业保险需求不足的根本原因。要解决这对矛盾，一方面要增加农民收入，但在目前农业投入有限和农户小规模分散经营的情况下，要大幅度提高农民收入不太现实。另一方面是降低农业保险费率。在现有情况下，农业的高风险和保险公司的高费用基本是刚性的，调整的余地不大，而政府的农业保险补贴又十分有限。这样看来，可以通过发展农业巨灾保险，提高政府农业巨灾保险的单位保险补贴，让农民以极少甚至零成本就可以享受到农业保险，从而解决农业保险的高费用、高费率与农民购买力较低的矛盾，并以此带动比较富裕的农户购买一般灾害保险和其他农村保险，扩大农村保险市场。

6.1.2.5　有效地为农民的基本生活和生产等提供基本保障

"一次重灾，即刻致贫"、"一年受灾，三年难翻身"和"十年致富奔小康，一场灾害全泡汤"等都是农户在灾害面前的真实写照。农民抵御灾害特别是巨灾风险的能力十分有限，对一般家庭来说，一旦发生巨灾，自我救助的能力在巨灾面前就显得非常脆弱，很难通过自身的行为从巨灾中恢复过来。

通过给农民提高"大范围、广覆盖"的农业巨灾保险，使农民在巨灾之时得到一定的经济补充，就能使他们的基本生活得到保障，生产能够得到及时恢复。这对于农村社会稳定、发展农村经济、建设社会主义新农村等都具有非常重要的战略意义。

6.2   农业巨灾保险制度模式选择的基本原则

农业巨灾保险制度模式选择，总体应该以政策性为主导，适当运用市场化的手段和方式，充分考虑到我国目前农业和农业巨灾保险的现状和未来的发展趋势。基本原则如下：

6.2.1   服务农业原则

农业巨灾保险制度设计应该定位于农村，服务于农民，补偿灾害损失，支持农业发展。设立农业巨灾保险公司，就是为农村的种植业和养殖业提供巨灾保险，在自然灾害和意外事故发生后，及时补偿农民损失，从而起到支持农业发展，改善农业生产环境，增加农民收入的作用。农业巨灾保险公司是以政策性保险为主，主要为农业巨灾提供保障，不涉及农村的社会保险和商业保险。

6.2.2   非营利原则

从世界范围看，无论是发达国家或发展中国家，对农业巨灾保险的经营方式普遍采取非营利的政策性保险或合作性保险，单纯采用商业性保险方式的寥寥无几。这是由于农业巨灾保险受灾机遇多，损失率高，是一种受自然灾害制约较大的高风险的保险业务。一旦出现灾情，往往是灾害面积较大，范围较广，损失巨大。

农业是国民经济的基础，为了巩固和加强农业在国民经济中的基础地位，促进整个国民经济的发展，在实施农业巨灾保险时，只有把提高整体社会效益作为出发点，才能充分体现出党和国家的方针政策对农业发展的支持，才有利于提高农业的综合保障能力和整体抗灾能力，从而达到加快农业发展、振兴农村经济、建设社会主义新农村的目标。

6.2.3 减轻农民负担原则

近年来，党中央、国务院三令五申强调要减少向农民摊派，减轻农民负担，但一些地方政府却依然我行我素，各种摊派、提留款项甚至达到让农民难以承受的地步。由于受"听天由命"、"出险靠救济"的传统观念和小农意识的栓结，以及农险宣传少等原因，农民的保险意识较差，不少农民把农业保险也看作是一种摊派，从而对农业保险产生一种反感和抵触情绪。因此，设立农业巨灾保险公司，要以概率论为基础，运用大数法则，经过精确计算，合理确定出每一个参加农业巨灾保险的农民所应缴纳的保险费，不能为了农业巨灾保险公司利益而过多地收取保费，给农民增加不必要的负担。一旦灾情发生，要及时进行赔付，使农民真正认识到参加农业保险是花小钱办大事，是利国利民的一件好事。

6.2.4 政府扶持原则

即国家对农业巨灾保险给予经济上、法律上和必要的行政上的支持。农业保险200年的历史表明，它对农业发展是必不可少的，国家应当扶持，目前国际上开展农险较好的国家无一例外地体现了国家对农险的扶持，如美国、法国和日本。以美国为例，1938年根据《联邦农作物保险法》美国农业部下属设立了联邦农作物保险公司，其主要功能是给各州的各类相互保险公司提供再保险和为农业信贷机构提供信贷保险。各州的农业保险主要由各类相互保险机构直接提供给农场主。政府鼓励私营的保险公司举办农业保险，并给予免税的优惠，如私营保险公司因开办农业保险发生经营性亏损，则由联邦农作物保险公司提供赔偿，而联邦农作物保险公司的资金来源主要是国会拨款。另一政策是农业经营者必须参加保险才能取得农业贷款，一旦发生损失，农业信贷机构有优先取得补偿的权利。再就是政府扶持是农场主在种植农作物之前投保，保险费的支付期间可以延长。我国的农业保险同样必须由政府来加以扶持，特别是需要财政、税收、民政 农林、农业银行等涉农部门的支持，如将农业减免税部分用于补贴保险公司，对农业巨灾保险不征营业税和所得税，民政部门将每年的灾害救济款以保险基金形式交给保险公司管理，粮食部门从粮价中让出 1％—2％ 来支援农业保险基金等。

6.2.5　强制保险与自愿保险相结合原则

实践证明，由于目前我国农业保险不能大面积承保导致损失分摊与保险大数法则理论发生矛盾。也就是被保险人认为风险大的就投保，风险小的就不投保，致使保险公司的业务危险集中，容易形成较高的赔付率，这种低承保率和大数法则要求大面积承保的矛盾，实际上是被保险人逆向选择和风险不能分散的矛盾，造成了保险的不合理性。

根据我国的具体情况，对涉及国计民生的农业巨灾保险产品实行强制性保险。主要对农区的小麦、水稻、大豆、玉米等农作物和棉花、油菜等经济作物，牧区的牛、羊等牲畜，水产养殖区的鱼、虾、珍珠等实行强制保险，以稳定农民收入和农村经济发展。

对我国的一些特殊农产品（如特殊经济作物和动物等）可以实行自愿性的农业巨灾保险。此外，还可以依据各地实际情况和农民对风险的偏好程度，提供单独险或附加险的农业巨灾保险产品，以满足部分农业生产者追求高风险保障的需要，这样自愿参加者就可获得巨灾农业保险高额的赔偿。

6.3　农业巨灾保险制度模式选择的指导思想

以建设社会主义新农村重要思想为指导，以保障农民基本生产、生活和构建和谐社会为目标，抓住"三农"问题的重要战略机遇，全面落实科学发展观，坚持统筹城乡发展的方略，注重改革创新。根据不同的历史时期和生产力发展阶段，选择不同的政策性农业巨灾保险的制度模式。在加强农业巨灾保险法制建设的基础上，本着"低保障，广覆盖"的基本原则，建立农业巨灾保险四级组织管理体系，确立农业巨灾保险产品体系，合理规范农业巨灾保险保费补贴办法，形成较为完善的农业巨灾保险支持体系，积极推动我国农业巨灾保险事业的发展。

6.4　农业巨灾保险制度模式

从目前国内外农业巨灾保险的理论和实践来看，可以把农业巨灾保险主要分为政策性农业保险和商业性（或私人）农业保险。由于农业巨灾保险的特殊性，世界上大多数国家选择了政策性农业巨灾保险制度或者把政策性农业巨灾保险和商业性农业巨灾保险结合起来的农业巨灾保险制度。

6.4.1　农业巨灾保险制度模式选择依据

政策性农业巨灾保险模式应该是我国农业巨灾保险制度模式的基本选择，其主要依据是：

6.4.1.1　理论依据

（1）农业巨灾保险产品的准公共物品性质[123]

在市场经济体系中，人们需要的物品可以分为四类：第一类是私人物品；第二类是公共物品；第三类是自然垄断物品；第四类是共有资源。公共物品主要有六个方面的典型特征：效用上的不可分割性；生产经营上的规模性；消费上的无排他性；取得方式上的非竞争性；收益的外在性；利益计算上的模糊性。

那么，农业巨灾保险产品是否属于公共物品呢？农业巨灾保险产品在一定范围和时间内，其效用是可以分割的。农业巨灾保险的经营必须考虑规模经营，这是由它的特点和规律决定的，只有进行规模经营，才能发挥规模经济的作用，减少经营失败和社会资源的浪费。农业巨灾保险在其消费过程中并不具有排他性。从竞争性方面来说，农业巨灾保险产品大部分不具有竞争性，农业生产的高风险，灾害发生的高频率和大范围导致了高损失，这就必然带出了高的保费率；过高的保费率会使农民心有余而力不足，从而在很大程度上抑制了有效需求，为了保证有效需求，可以降低保费率，但这样一来，保险公司就无法实现其利润最大化，短期内保险公司可以从其他险种的盈利中抽资弥补农业险的损失，但从长期看来，这绝不是明智之举；所以，如果将农业巨灾保险产品视为私人物品在竞争市场上进行交易，供求曲线是不可能相交的。从农业保险的收益性来看，农业保险的直接受益人是被保险的农户，而农产品的广大消费者是最终和最大的受益者。由此可见，农业保险产品具有经营上的规模性、取得方式上的非集中性、收益上的外在性等公共产品的特点，在很大程度上接近公共物品；同时，农业保险产品又具有在一定范围和时间内效用的可分割性和在其消费过程中的非排他性等私人产品的特点，我们可以称之为"准公共物品"。

综上所述，农业保险产品不是完全意义上的公共物品，但在很大程度上接近公共物品，我们可以称之为"准公共物品"。从这个意义上来说，农业保险如果完全实行商业化经营模式，必然导致市场失灵，所以应加快发展政策性农业保险。

（2）农业利益外部性

农业是国民经济的基础产业，支撑着整个国民经济的发展，具有很大的利益外部性。农业不仅为全社会提供生产资料和生活资料，而且是进行工业化资本原始积累的基本来源。统计数据表明：1952—1989 年间，我国农业部门的资金净流量达 7000 多亿元，农业新创造产值的 1/5 转到工业部门。即使在工业已具有一定的自我积累和自我发展能力以后，农业以隐蔽方式提供给工业的贡献也达 1000 多亿元[22]。农业的有机构成远远低于整个社会的有机构成，农民取得的利润远远低于社会的平均利润。然而农业稳定的受益人不仅仅是农民，而是全社会，农业遭受损失也不只局限于农民，同样要波及各个行业。目前，中保集团（PICC）推行的农业保险只向农业直接经营者——农民收取保费（按照享受利益与负担支出一致的原则，获得农业稳定保障所需的费用不能全部由农民承担，应当由全社会来分担）。中国人民保险公司自 1996 年进行商业化改制后，作为一个较为单纯的商业个体，显然更无法完成使农业外部利益内在化的任务。农业生产周期长、自然灾害不断、自然损失率高、对市场信号反应迟钝，农产品的需求弹性小，供应量的变动极易引起价格的剧烈波动，在市场经济条件下处于不利地位，是高风险产业。高风险发生率导致高保险费率，而农民的低经济承受能力便成为商业化经营条件下阻碍农业保险发展的根本原因所在。以山西省为例，1997 年种植业除旱灾要负担 26 元/亩的保险，同时承保旱灾损失，一切险费率高达 30 元/亩以上，而山西贫困地区农民年收入还不到 1500 元[88]。迫切需要农业保险保障的农民缺乏参保的资金，有效需求不足。因此，要利用农业保险来保护农业，保障农民的利益，必须由政府出面，给予必要的资金援助和政策支持。

（3）我国农业巨灾风险的特点

从农业巨灾风险的特点来看，商业保险公司以营利为目的的经营原则无法满足农业保险的需求。农业巨灾风险是农业再生产过程中许多不确定因素所造成的实际收益与预期收益相背离，从而使农业生产经营者蒙受经济损失的一种潜在可能性。农业巨灾风险和其他各类经济风险相比，有许多显著的特点。

一是农业巨灾风险具有广泛性。农业巨灾风险大体上包括自然风险和社会风险两大类，自然风险是指由于各种自然灾害给农民带来损失的可能性，包括水、旱、风、雹、沙、虫等。这类风险往往具备区域性，影响面很广，而且有上升的趋势。据有关资料统计，1949 年至 1980 年全国平均每年受灾农作物面积为 3000 万公顷，占农作物播种面积的比重为 24%。1980 年至 1992 年平均每年受灾面积为 4446.7 万公顷，占农作物播种面积的比重上升到 30%[88]。

对于商业保险公司来说，一旦产生自然灾害所致的农业巨灾损失，必定面临成批的理赔工作，形成很高的赔付率。除自然风险外，社会风险不仅有区域性的，更有全局性的。形成社会风险的主要因素是市场行为或政府的行政行为及专项政策，这些因素对农业的影响无论从广度还是从深度上来看都是自然巨灾所不及的，同时它又是无法分散的风险。在商业保险追求利润最大化原则的驱动下，我国商业保险公司普遍将这类风险列为不可保风险，进而对整个农业巨灾保险业务望而却步，农民根本不可能获得全面保障。

二是农业巨灾风险后果具有潜在性。农业巨灾风险所带来的损失有些是直接的、显而易见的，而相当一部分后果是潜在的，需经历若干年后才能显示出危害。农业生产是以动植物的生命过程为周期的，所以农业巨灾风险所带来的损失，特别是那些无形风险所引起的损失，诸如土地资源的逐渐侵蚀、水资源的污染和短缺、生态平衡受到破坏以及优质人才的流失、农业政策不当、农村教育的退化等，商业保险公司，包括中国人保（PICC）于1996 年经过商业化改制后，主观上不会有经营此类潜在风险的要求，客观也不具备预测分析农业风险滞后效应的能力。从这个角度看，单纯依赖商业保险公司发展农业保险，其实是忽略了市场经济条件下政府宏观调控职能对农业保险的支持。

三是农业巨灾风险的延续性。由于农业是国民经济的基础产业，农业巨灾风险一旦发生，不仅危及农业生产和农村社会，而且还将危及整个社会的安定，无农不稳，无粮则乱，其影响面是相当广的。农业巨灾风险的延续性，就像多米诺骨牌效应一样，如不从源头加以遏制，会形成全局性的灾难，这就需要发动全社会的力量来解决问题，仅仅通过市场行为是远远不够的。

（4）农地制度的局限性与小规模农户的经营风险[124]

20多年来我国以家庭承包经营制的农地制度推动了我国农业乃至整个国家经济历史性的持久增长。但从制度的安排来看，仍存在以下突出问题：

一是家庭承包制的固有局限性。随着改革深化和市场环境的变化逐步暴露出来，家庭分散经营更加剧了本已高度稀缺的土地资源承包的有限性，影响了土地的规模经营。这不仅大大限制了农业劳动生产率和农产品商品率的提高，不利于土地区域性种植、机械化耕作和集约经营；而且增大了生产成本和交易成本，劳动力及农业固定资产得不到充分利用。加上农业生产收成的不确定性及市场的多变性。单一分散的农户不能很好地运用价格、成本与利润的比较去规避市场风险，容易造成决策的盲目性、产品的单一化和市场行为的趋同性，导致农业生产经营始终处于一种不稳定的"振荡"状态。

二是我国农地产权激励不足。这表现为三个特征：产权不明确，土地所有权主体不明确，农民承包界定不清；产权不完善，农民拥有有条件的使用权和收益权；产权不稳定，我国农地制度多变，农户权利经常受到损害，无法实现土地利用长期利益最大化。这三个特征与产权的自身特征——排他性、转让性和继承性是相违背的，使农民对固定承包的土地缺乏长期预期，在收入、投入和风险目标的制约下，不能实现有效投入和积累机制。因而对我国农户对有效抗击自然灾害的投入没有积极性，是不难理解的。

三是小规模农户经营的风险特征。在经历家庭承包制后，农业土地制度没有出现新的根本性的制度创新。小规模兼业经营是我国农业的基本特征，因此，农户处理巨灾风险的方法也是比较策略和特别的。加上风险的信息高度不对称，逆向选择的道德风险防范十分困难，这些特点决定了我国农业风险的外部机制安排在供给方面先天不足，农民多是风险回避者。大量的经验观察和实证研究表明：发展中国家的农户通常不是风险的厌恶者，他们在生产和生活消费中尽力避免各种风险。这主要是因为欠发达的农户抵抗风险和补偿风险损失的机制与手段的成本较高。我国农户承受不起风险较大的损失。大多数农户宁愿选择生产风险较小、收入水平也较低的生产方式，而放弃那些收益可能较高、同时风险也较高的活动，我国农户家庭的小规模农业既受自然风险影响，又受农产品市场波动风险制约。农业生产经营比较效益低。农地制度的缺陷使农户的风险处理策略，使农户单靠自身力量是无法防范和承担农业巨灾风险的。

6.4.1.2　实践依据

（1）我国商业性保险未能有效覆盖农业巨灾保险

我国农业保险业从 1982 年以来经历了一个曲折的发展过程。1982—1992 年呈上升趋势，1992 年达到顶峰，当年农业保费收入 8.17 亿元，占保费总收入的 2.16%，保险深度为 0.14%，保险密度为 0.96 元；以后逐步走下坡路，2002 年农业保险费收入下降到 5 亿元，占保费总收入的 0.16%，保险深度、保险密度降至 0.03% 和 0.64 元。高峰期的 1992 年，全国的粮食作物承保面为 4.8%、经济作物 11.1%、耕牛 3.66%、奶牛 1.87%、生猪 1.18%、家禽 1.3%、水产养殖 2.5%、森林 4.59%，除经济作物覆盖面超过 10% 以外，其余均在 5% 以下[24]。

农业是自然再生产和经济再生产交织在一起的产业。我国种植业面临的涝灾、旱灾、虫灾、飓风灾害等，养殖业面临的禽流感、口蹄疫等难以抗拒的自然灾害，是全球严重的国家之一，经营农业保险的风险巨大，农险的赔付率远远高于安全线。1982年到2000年平均赔付率达88%，其中，1991年为119%，远高于经营盈亏平衡点79%的赔付率[123]；其中有7年的赔付额超过保险费收入，违背了总收纯保费≥总支付保险金的"收支平衡"的基本原理，开展农险业务的保险公司长期亏损；尽管免除了农险营业税，但国家的扶持力度不大，农险业务难以为继。我国农险存在着政策性业务商业化经营的弊端，这也导致了农险经营的长期亏损。

中国人民保险公司从1982年开始探索经营农业保险业务，到2002年，保险金额1365亿元，收取保费73亿元，赔付支出64亿元；1996年该公司改建为中保集团公司，实行商业化经营，由60个农业险种降为30个；2002年农险收入3.3亿元，占保费总收入0.6%，比上年下降20%[24]。

中华联合财产保险公司前身是新疆生产建设兵团农牧业生产保险公司，从1986年开始坚持"低保额、低保费、实行基本保障"原则，在本兵团开展农牧业保险业务；1989年更名为新疆兵团保险公司，将业务扩展到一般财险和寿险；2002年经保监会批准改为现名，面向全国办理农业保险业务，当年该公司实现农业保险保费收入15亿元，保险金额311亿元，赔付支出11亿元，加上运行费用，做到了基本不亏损[24]。

总之，从农业保险在我国两次试办的情况来看，要真正搞好我国的农村经济建设，发挥农业保险在新形势下对于建立风险保障体系的重要性，必须对现有的农业保险进行改革，尽快建立起政策性农业保险体制。

（2）发达国家成功经验提供了有益的启示

农业保险发达的国家普遍对农业保险进行高度的财政补贴，将其作为政府的政策工具。以美国为例，早在 19 世纪末和 20 世纪初，不只一家私人商业保险公司开办过农业保险，却全部以失败而告终。这促使美国政府重新界定农业保险的性质。从 1922 年开始，美国政府将农作物一切险的保险作为政府的政策工具来考虑。1929 年，为使在经济危机中暴跌的农产品价格回升，降低生产费用，美国政府开始研究建立共同财产保险准备金，对农业灾害进行补偿；1938 年，组建联邦农作物保险公司，作为政府贯彻农业保护政策，制定并实施农业保险措施的直接工具。同时，还为农业保险提供高度的财政补贴。1994 年前，美国联邦政府每年支付的农作物保险补贴约 10 亿美元，1998 年达到 15 亿美元，并为联邦农作物保险公司提供 1.5 亿美元的资本金。加拿大、日本、菲律宾等农业保险搞得较好的国家，也普遍进行高度的财政补贴：按照加拿大政府《农作物保险法》的规定，农民只付保费的 50%，不负担任何保险行政支出，保费的剩余部分由政府承担。1995 年加拿大政府支付的农作物保险补贴为 8.5 亿加元。日本政府对农业保险的补贴是按费率的高低确定的，费率在 2% 以下由政府补贴 50%，费率在 2%—4% 以内政府补贴 55%，费率在 4% 以上政府补贴 60%，1975—1986 年政府对农业保险的补贴高达 2055 亿日元[24]。这些国家的农民从政府那里得到高额的保费补贴，增加了投保的积极性，分散了风险，减轻了受灾损失，保障了农业生产的稳定发展。农业保险作为政府保护农业的一项政策措施，或者作为一项社会保障事业，无一例外地坚持以农业生产经营风险提供经济补偿为宗旨，不以营利为目的。而在我国，农业保险仅免缴营业税，其他方面和商业保险一样，政府并未采取相应的补贴政策；农业保险由商业化后的中保集团一家独揽，其经营宗旨为：收支平衡，略有节余，以备大灾之年。但实际情况是，农业风险高，不要说略有节余，就是收支平衡也很难做到，以其他险种的收入来弥补农业保险的做法也不可取。因此，我国应该学习发达国家的先进经验，建立起高度补贴的政策性农业保险是在 WTO 条件下保护和促进我国农业可持续发展的有效政策之一。加入世界贸易组织，这对我国农业来讲，可谓机遇与挑战并存。从机遇方面看，世贸规则对农业生产的国内补贴有明确的条款支持，我国今后农业的投入将达 460 多亿元，这与我国近 3 年在农业基础设施建设、粮食储备、自然灾害救济等国内补贴方面平均每年投入 270 多亿元相比，差距是相当可观的。460 亿元与 270 亿元之间，是我国农业发展的一个非常宽松和良好的空间[22]，给财政补贴型的政策性农业保险提供了资金供应的可能性。从挑战方面看，我国必须遵循 WTO 农业协议的规定，取消配给制和许可证等非关税贸易壁垒及一系列农业补贴措施。尤其是《中美农业合作协议》签署后，意味着我国将面向有极强竞争力的国外农产品进一步开放，我国农业将在现代市场经济的低成本竞争面前受到相当大的考验。因此，充分加大政府利用 WTO 农业协议提供的绿箱政策①支持的范围和力度，发展政策性农业保险，已成为 WTO 框架下我国农业政策的新走向之一。

随着我国入世，还必须深刻认识到我国农业保险存在的诸多问题，如农业保险制度不完善、农业保险水平低，远远不能适应 WTO 框架下农业生产发展的需要。因此，政府必须从宏观高度充分重视农业巨灾保险问题，把农业巨灾保险制度建设列入政府宏观政策的议事日程。建立起真正符合中国国情的政策性农业巨灾保险制度，是我国在 WTO 条件下促进农业可持续发展的必然选择。

（3）建设社会主义新农村和和谐社会的需要

我国人均 GDP 已愈 1000 美元，这只能说明全社会的总财富在增长，无法改变农民低收入的事实，城乡差距仍在不断拉大，

---

① 绿箱政策：政府执行某项农业计划时，其费用由纳税人负担而不是直接从消费者转移而来，或仅有微小的贸易扭曲作用，对农业生产影响很小的支持措施。属于该类措施的补贴被称为绿色补贴，其中包括粮食援助补贴、自然灾害救济补贴、农业生产资源储备补贴等。

农民的基本生产和生活难以得到基本的保障。要从根本上解决"三农"问题，政府应加大扶持力度，为农民提供基本的保障。

6.4.2　农业巨灾保险制度模式选择

通过前面的分析，认为我国农业巨灾保险制度应该选择政策性制度模式。政策性农业巨灾保险就是为了实现政府的农业和农村经济发展的政策目标而实施的农业巨灾保险或建立的农业巨灾保险制度。如同出口信用保险体现的是支持出口贸易的政策导向一样，这种农业巨灾保险制度体现的是农业和农村经济政策，那就是保障农业生产和经营的稳定和增长，保障农产品供给的安全，保障农民生活的安定[1]。

政策性农业巨灾保险几个主要特征：第一，商业性公司在正常市场环境下难以或不会进入该领域；第二，政府不仅参与宏观决策，而且要介入微观经营管理活动；第三，政府要给这类业务经营补贴和其他财政优惠措施以及行政便利措施，这种制度才有可持续性，因而这类业务具有部分的财政再分配性和部分社会公平性；第四，非营利性。上述前三条的理论依据在于农业保险的大部分产品是准公共物品，其可交易性差，生产经营须具有规模性，农业巨灾保险产品虽然在直接消费上具有排他性的主要特征，但在其消费过程中或者说在经营的一定环节上（例如防灾防损）也不具有排他性[2]。

就政策性农业巨灾保险制度而言，主要有四种类型（见表6-1）[113]，一是政府主办政府组织经营，二是政府支持下的合

---

① 事实上，各个国家或者在一个国家的不同发展阶段，其政策性农业保险的政策目标是不一样的。

② 例如日本，1947年重建农业保险制度时，其主要政策目标是增加农产品特别是粮食的生产和供应，但是到了20世纪50年代中期以后，该目标已达到后，其政策目标就转向农民收入的稳定保障或者农村福利了。

作社经营，三是政府支持下的相互保险公司经营，四是政府主导
下的商业保险公司经营。这四种模式有各自的优点和不足的地方
（见表 6 - 2）。

表 6 - 1　　　我国可供选择的农业巨灾保险制度模式

制度模式	具体形式
政府支持下的商业 性巨灾保险模式	商业性保险公司经营或外资保险公司经营
政府主导下的政策 性农业巨灾保险模式	政府主办政府组织经营 政府支持下的合作社经营 政府支持下的相互保险公司经营 政府主导下的商业保险公司经营 政府主导下的外资保险公司经营

表 6 - 2　　　政策性农业巨灾保险制度模式优点和缺点比较

模式 名称	优点	缺点
政府主 办政府 组织经 营	1. 农业巨灾保险是准公共物品，可以获得规模经济效益，较好地配置资源；2. 强制性制度变迁和措施在现阶段效率更高；3. 政府充分地利用大数法则，分散巨灾保险风险。	1. 制度创新、机制创新、管理创新和技术创新等方面比较困难；2. 中央与地方、农业巨灾保险公司与地方政府之间的关系不好协调；3. 政府干预的效率不能肯定。
政府支 持下的 合作社 经营	1. 经营灵活、因地制宜和低保费；2. 可以有效避免道德风险和逆向选择；3. 成本比较低。	1. 规模有限、风险集中；2. 专业性和技术性有限；3. 容易受到地方政府的干预甚至操纵；4. 农民缺乏合作意思和掌握组织能力。

续表

模式名称	优点	缺点
政府支持下的相互保险公司经营	1. 产权清晰，降低交易成本，减少环境的不确定性和信息不完全对称，保证资源的优化配置；2. 有利于协调各方面的利益关系，提高公司业务效率；3. 有利于农民的积极参与；4. 有更大的灵活性来制定更具吸引力的价格；5. 可以调动民间资本，减少政府财政的压力。	1. 全新的概念和模式，理解、组建和操作难度比较大；2. 不能有效地解决由于微观主体从农业生产和农业保险方面所获得预期利益不高而缺乏购买需求的问题，其经营规模就会受到影响；3. 难以有足够的、合格的经营管理人才；4. 难以有效地解决农民对合作制的接受程度和参与积极性问题。
政府主导下的商业保险公司经营	1. 有技术、经验和人才等优势；2. 对经营政策性农业巨灾保险有一定的积极性；3. 在某种程度上更加容易赢得农民消费者的认可；4. 国家和政府可以从具体的保险事务中超脱出来。	1. 农业巨灾保险的补贴方法和份额等问题在很大程度上困扰决策者；2. 道德风险和逆向选择等问题的困扰；3. 基础政府的支持与协助问题影响该模式的操作。

6.4.3　农业巨灾保险制度模式

　　根据我国社会、政治和经济发展，结合金融市场和保险市场的完善状况，综合农业保险公司的保险承保能力、保险技术和巨灾保险风险管理水平等，在不同的历史时期和不同的发展水平阶段，我国农业巨灾保险的制度模式应该有一定的差异。

　　6.4.3.1　短期政策性农业巨灾保险制度模式

　　短期内，由于我国涉农保险机构和组织面对农业巨灾，不论是在承保能力、保险技术还是在农业巨灾风险管理等方面存在比较大的问题，在现有的条件下，他们不可能也没有能力去开展农业巨灾

保险业务。这样，我国政策性农业巨灾保险的制度模式应该选择由
政府主办并由政府组织直接经营。其具体的运作模式（见图6-5）
是由国家出资或部分出资的（可采用股份制形式）政策性农业巨灾
保险公司，并按全国目前的行政区划设立国家、省（市）、县（市）
三级巨灾保险机构，由县（市）级机构直接具体负责经营农业巨灾
保险业务。同时，也可以考虑把其部分农业巨灾保险业务委托给商
业农业保险公司、农业保险合作社和农业相互保险公司代办经营，
通过支付一定佣金来换取更大的市场份额。

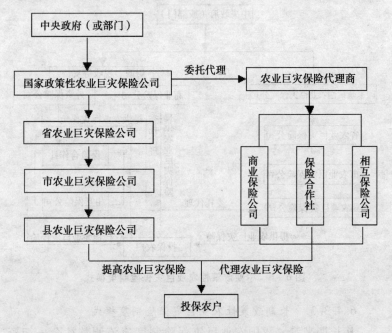

图6-5 短期政策性农业巨灾保险制度模式

6.4.3.2 中期政策性农业巨灾保险制度模式

在我国金融市场和保险市场逐步完善和发展的基础上，我国

部分保险组织和机构（主要是商业保险公司和外资保险公司）可以在农业保险技术条件成熟、风险管理手段具备和政府财政与税收等支持手段到位的情况下，逐步开展农业巨灾保险业务（见图6-6）。农业保险合作社和农业相互保险公司可以部分代理国家农业巨灾保险公司、商业保险公司和外资保险公司的农业巨灾保险产品。这样就能够完善我国农业巨灾保险市场，增加我国农业巨灾保险的市场供给主体，在一定程度上就会推动我国农业巨灾保险的发展。

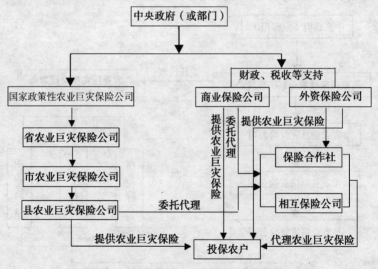

图6-6　中期政策性农业巨灾保险制度模式

6.4.3.3　长期政策性农业巨灾保险制度模式

从长期来看，我国农业巨灾保险制度应该调整社会一切资源，动员各种组织和机构开展农业巨灾保险业务。由国家政策农业巨灾保险公司、商业保险公司、外资保险公司、农业保险合作社和农业相互保险公司共同组成了一个比较完整的农业巨灾保险体系（图6-7），这是我国农业巨灾保险理想的制度模式。

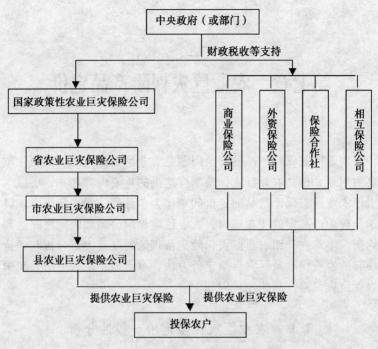

图 6 - 7　长期政策性农业巨灾保险制度模式

第七章　农业巨灾保险产品定价

农业巨灾保险产品的定价问题是农业巨灾保险的一个非常重要的问题，也是农业巨灾保险制度建设的重要内容之一，所以本书把农业巨灾保险产品的定价问题作为单独的一章进行研究。科学合理的产品定价能在政府、农业巨灾保险公司和农民之间达到均衡。本章在介绍农业巨灾保险定价理论的基础上，分析和评价现有的农业保险及巨灾保险定价方法，重点以小麦为例研究我国农业巨灾保险产品的定价问题。

7.1　农业巨灾保险定价一般性分析

如果说定价是保险工作的核心，没有任何人表示怀疑，因为精算师和保险人员主要关心的问题有三个：即保费的厘定、准备金的提取以及破产概率的研究等，其中保费的厘定是保险业务开展中最基本的一环，而其他两个又与之息息相关。对投保人来说，保单就是一种商品，物美价廉的商品向来是顾客的首选，因此，投保人在选择保险产品时，价格是需要考虑的关键因素之一。

7.1.1　保险定价的模型探索和理论

7.1.1.1　保险定价模型探索

在保险定价实践发展过程中，广泛的保费定价原则都是基于损失分布函数的一阶矩和二阶矩，如期望值原理、最大损失原理、百分数原理、方差原理、半方差原理和标准差原理。但是令人遗憾的是巨灾损失分布函数往往是严重右偏的，因此这些定价方式都不能客观地反映标的的风险。

除了实践中的矩方式以外，理论上的定价模型也有不少，这些理论模型大都建立在效益理论的基础之上，如指数效益原则（Jrcifeider，1979）。但是 Beich 认为这些理论模型都不符合以下两条基本要求：一是齐次性，$H(aX) = aH(X)$；二是平移不变性，即 $H(x+b) = H(x) + b$，值得一提的是，Dutch 原则（Van Heerwaarden and Kass，1992）符合这两条要求，但是，如果把这个模型的附加保费放到再保险里来解释的话，就显得有点不合理了，因为对于巨灾风险来讲，高层次的附加保费往往是期望损失的若干倍，而此模型的附加保费局限在一倍以内。另外Demmeberg（1990）推出了一种新的保费原则——绝对偏差原则，还有 Vemter（1991）讨论了保险定价的非套利含义[114]。

7.1.1.2　国外经典保险定价理论[115]

（1）期望损失理论

期望损失理论是所有定价模型的基础，因为他是投保人与承保人在保费上达成一致的关键因素，很多人对期望损失进行了研究，但直到 1944 年 Neumann 和 Morgebstern 才将这一理论发展到了完美的境地，与期望损失有关的定价模型有很多，但总的结构大体由两大块组成：期望损失与附加保费，与此相近的还有方差原理和标准差原理等。

（2）期望效益理论

Botch 是在 1961 年将效益理论引入到保险经济领域的，从那以后这个理论在定价中一直处于一个显赫的位置。其保险定价模型为：$u(\omega_0 - P) = E[u(\omega_0 - X)]$ 其中，u 为效益函数，ω_0 为初始财富。在这个理论框架下，欧洲的许多精算师又发展了许多保费原则，如指数效益原则等。其实，目前被广泛应用的方差原则可以视为效益理论的一个近似特例。我们知道，效益理论是建立在五条定理的基础之上的，许多人认为，有关不确定下的抉择，效益理论是唯一合理的有效理论工具。但是，令人迷惑的是期望效益理论原则不能提供一个一致性的保费准则（Beich，1986），事实上，分层可附加性只有在线性效益函数下才能满足。

7.1.1.3　Yaari 对偶理论

对于上面提到的定理体系下的效益理论，许多精算师提出了挑战，如 Quiggin（1982）提出的预期效益理论等。但在这场挑战中，最大的赢家是 Yaari，他修改了第五条定理，并引入了对偶理论，同时 1987 年 Yaari 提出了对偶理论保险定价原理，其数学表达式为 $I - P = \int_{0}^{1} h\left[S_{1-x}\left(t\right)\right] d_x$，其中 I 是初始财富，当投资者为风险厌恶者时，对偶效益函数 $h\left[0, 1\right] \rightarrow \left[0, 1\right]$ 是一个凸函数。当 $h\left(x\right) = I - \left(I - x\right)^{1/p}$ 时，就得到了 Wang（1995）PH⁻ 转换，Yaari 对偶理论的出现，打破了以上的观点：对不确定下的抉择，效益理论是唯一合理的有效理论工具。在 Yaari 对偶理论的基础上，Youny 提出了最优定价模型：

$$V_i\left(IP\right) = w - p - \int_{0}^{\infty} g\left[S_i\left(t\right)\right] dt + \int_{0}^{\infty} g\left[S_i\left(t\right)\right] dI\left(t\right)$$

其中 $g\left(p\right) = 1 - g'\left(1 - p\right)$，而 g' 为凸函数，且有 $g' \geq 0$，同时，$I = L, H$，L 代表低风险，H 代表高风险，投保人的目的是使效益函数 $V_i\left(IP\right)$ 的值最大，通过计算可以求出相应的最佳 I^* 和 P^*。

7.1.1.4　Wang 风险调整理论

受 Venter 的启发，Wang（1995）提出了风险调整模型：$P = \int_{0}^{\infty} S_x\left(t\right)^{1/p} dt$，其中 $S_x\left(t\right)$ 为生存函数（survivor function），$S_x\left(t\right) = 1 - F\left(x\right)$，$\rho\left(\rho \geq 1\right)$ 为风险厌恶指数，不难发现，通过风险指数的转换，也就是说考虑到承保人对风险的态度，在

承保人的眼里，原来的期望损失变大了，从而收取的保费也就增多了，这样，承保的安全性自然就会增加。实践证明，对于越不对称的分布，ρ 的转换效果越明显，特别是在佩尔托分布里，ρ 的细小变化可以使保费成倍地增加，这可以说是风险调整的某种成功。因而，此模型已被广泛地应用于巨灾保险和再保险等领域。在 Wang 的风险调整模型的基础上，Yang（1999）提出了最优定价模型：

$$U\ (I)\ =E\ \{u\ [\ \omega -x+I\ (x)\ -p\ ]\}\ =\ (1+q)\ u\ (\omega -p)\ +q\int_0^\infty u\ [\ \omega -x+I\ (x)\ -p\ ]\ f\ (x)\ dx$$

其中 V_i（IP）为损失补偿，I（x）为投保人的原始财富，w 为不受损失的概率，投保人的目的是使效益函数 U（I）的值最大，通过计算，可以求出相应的最佳 I^* 和 P^*。这个模型把主要立场放在投保人一方，是个理想模型，但遗憾的是保险公司在定价时不会顾及到每个投保人的意愿。

7.1.1.5　其他

除了上面提到的经典理论外，有关定价的研究还有很多，并且也具有较高的价值。例如 Steven Haberman（2001）提出了这样一个定价模型：

$$P_n=\ (1+\theta)\ E\ (X)\ -\delta\ (S_{n-1}-S_w)$$

其中 S_w 为极限剩余值，当 $S_{n-1}\leqslant S_w$ 时，δ 取 0；当 $S_{n-1}\geqslant S_w$ 时，δ 取 1，此模型是在剩余过程信息的基础上定价的，考虑到计算剩余过程的滞后性，同时从特定控制理论出发，Steven Haberman 还对模型进行了进一步的优化，这个模型最大的特点是其在控制论下的动态性[116]。另外，还有许多精算人员就具体的风险类别或险种提出了很多定价模型[117]。

7.1.2　农业巨灾保险产品的成本因素和价格构成

农业巨灾保险产品价格的形成不仅仅取决于农业巨灾保险产

品的价值或其转化形式，还同样取决于农业巨灾保险商品的供求关系，并受多种因素的影响。

7.1.2.1 农业巨灾保险产品的成本因素

根据保险经营管理学的观点，保险商品是保险业务和服务的组合。因此，保险商品中所包含的成本因素主要包括风险成本和运营成本（见表 7 – 1）[118]。

表 7 – 1   农业巨灾保险公司的生产要素、风险成本与运营成本

生产要素	风险成本	运营成本
资　　本	自己承担的损失成本	物质资料成本:折旧、租金、利息
劳动力	利息	劳动力成本
外部组织包括再保险、中介技术、信息	再保险	支付中介和其他组织的服务成本信息成本

资料来源：祝向军：《保险商品价格形成的经济学分析》，全国金融出版社 2004，P252。

7.1.2.2 农业巨灾保险产品价格的一般构成

根据农业巨灾保险产品的成本因素，相应的农业巨灾保险产品的价格一般也由两个部分组成，即纯费率和附加费率。其中，风险产品成本构成农业巨灾保险产品价格中的纯费率部分，运营成本和利润组成农业巨灾保险产品价格中的附加费率部分。传统的保险产品价格即保险费率的计算公式中，有两种表示方式：

一种方式是将附加费率定义为保险费率的一个比率，该比率记为 t_i，因而保险费率公式为：

保险费率 ＝ 纯费率 ＋ 附加费率

＝ 纯费率 ＋ t_i × 纯费率

即：保险费率 ＝ 纯费率／（1 ＋ t_i）

另一种方式是将附加费率定义为纯费率的一个比率，该比率

记为 t_i，因而保费费率公式为：

　　保险费率 = 纯费率 + 附加费率

　　　　　　 = 纯费率 + t_2 × 纯费率

保险费率 = 纯费率/（1 + t_2）

农业巨灾保险产品价格中的纯保费 P_E 是为了保证补偿未来的损失而现在要收取的保险费。附加费 P_E 是保险公司为了支付一定的管理费用、税金和租金等成本和获得一定利润的总和。农业巨灾保险产品保险费 P 可以用下列公式表示：

$$P = P_E + P_F$$
$$= E_O + E_R + A + T + K + L_1 + L_2 + IT + R_1 + R_x + T_{ax} \qquad (7.1.1)$$

其中，$P_E = E_O + E_R + A$ $\qquad\qquad\qquad (7.1.2)$

（7.1.2）式中：E_O 为保险人自己承担的纯风险保费，E_R 为有关保险保障的风险保费，A 为必要的风险附加费。

$$P_F = T + K + L_1 + L_2 + IT + R_1 + P_X + T_{ax} \qquad (7.1.3)$$

式中：T 为利息，K 为保险公司物质资料投入，L_1 为劳动力投入，L_2 为保险公司支付保险中介费用，IT 为信息成本，R_I 为公司留利，P_X 为公司红利，T_{ax} 为税收。

这样，农业巨灾保险产品的价格即保费率 P 为：

$$P = P_E + P_F$$
$$= （E_O + E_R + A + T + K + L_1 + L_2 + IT + R_I + P_X + T_{ax}）/q$$
$$\qquad\qquad\qquad\qquad\qquad (7.1.4)$$

其中，q 为保险金额。

所以，如果考虑时间因素，保险费 P 可以用下列公式表示：

$$P = P_E + P_F$$
$$= （E_O + E_R + A）/（1 + \theta）^t + T + K + L_1 + L_2 + IT + R_I +$$
$$R_X + T_{ax} \qquad\qquad\qquad\qquad (7.1.5)$$

保险产品的价格即保费费率 P 可以表示为：

$$P = P_E + P_F$$

$$= \left[(E_O + E_R + A) \Big/ (1 + \theta)^t + T + K + L_1 + L_2 + IT + R_I + P_X + T_{ax} \right] /q \tag{7.1.6}$$

7.2　农业巨灾保险定价方法及评价

国内外农业巨灾保险产品定价的讨论总体不多，主要集中在农业保险和巨灾保险，把两者结合的研究还有待深入。

7.2.1　代表性的研究成果

7.2.1.1　农业保险定价

（1）美国农作物纯保险费率的厘定办法

依据的构想：在过去某一代表性期间内某一个农场的收获量，通常在未来类似的一段时期仍会出现。因此，依农场过去代表性期间其平均收获量的某一百分比来保险时，可能要支付的平均赔偿金可作为该农场适当的保险费。计算个别农场每年损害成本过程为：设 n 年（不可太大，一般不超过 10 年）每年亩产量 y_t，则每年平均收获量为：y_t/n；保险产量：$75\% \times \sum\limits_{t=1}^{n} y_t/n$（即每亩保险产量按历年平均收获量的75%）；每亩损害成本：$Q = 75\% \times \sum\limits_{t=1}^{n} y_t/n - y_t$（当 $Q_t \leqslant 0$ 时，令 $Q_t = 0$）。则 $\sum\limits_{t=1}^{n} Q_t/n$ 为个别农场每年保险费率[130]。

（2）采用相对比值计算的保险费率

农作物当年损失率的计算，一般以前3年平均亩产量与当年亩产量的比较，计算出历年的损失率（一般为10年），步骤为：当年亩损失率 X_t（前3年平均亩产量 – 当年平均亩产量）/前3年平均亩产量；纯保险费率的正常损失部分一般依据一个地区连续10年计划承保责任灾害造成标的的平均损失率：

$$X = \sum X_t/n \tag{7.2.1}$$

纯保险费率的异常损失部分为：

$$M_\sigma = M \sqrt{\frac{\sum\limits_{t=1}^{n} (X_t - \bar{x})^2}{n-1}} \qquad (7.2.2)$$

其中，M 为需取方差的倍数，一般取 0.5—3，σ 为历年损失率的均方差，x 为各年损失率，X 为历年损失率平均值，n 为统计资料的年数。纯费率 = 历年平均损失率 + 危险附加项 $X = X - \sigma$。

（3）我国农作物保险费率的计算方法探索

国内的邓国和周玉淑等人（2003）利用上述两种方法，在改进的基础上对我国农作物保费费率进行了计算。主要是对粮食产量序列处理，确定趋势产量，趋势产量的模拟采用直线滑动平均模拟的方法，在此基础上，对农作物的保险费率进行厘定。

7.2.1.2　巨灾保险定价

巨灾保险的定价研究主要集中在两个方面[120]：

（1）资本资产定价模型（ Capital Asset Pricing Model，简称 CAPM）

早期的保险财务定价模型是建立在资本资产定价模型（CAPM）基础上的，利用资本资产定价模型可以建立保险公司的权益收益率和承保均衡收益率等与无风险利率和市场组合收益率的关系式，从而为保险公司的保险定价和资产经营提供决策依据。根据资本资产定价模型，任何一种资产的均衡（期望）收益率都可写成：

$$\bar{r}_i = r_f = \beta_i (\bar{r}_m - r_f) \qquad (7.2.3)$$

其中，r_i 表示第 i 种资产的期望收益率，r_f 表示无风险利率（为常数），r_m 表示市场组合的期望收益率，β_i 表示第 i 种资产的系统风险系数（或第 i 种资产的 β 值）。β_i 的具体算式为 $\beta_i = Cov$ $(r_i, r_m) / Var (r_m)$

假定 Y、I 和 P 分别表示净收入、投资收入和保费收入，

A、L 和 E 分别表示资产、负债和权益，Π_u 表示承保利润（即保费收入减去成本支出和赔款支付），r_a 表示资产投资收益率，r_u 表示承保收益率，那么，保险公司的净收入可表示成如下形式：

$$Y = I + \Pi_u = r_a A + r_u P \qquad\qquad (7.2.4)$$

对（7.2.4）式两边除以 E，利用关系式 $A = L + E$，可得权益收益率的表达式：

$$r_e = Y/E = r_a\,(L/E + 1)\, + r_u P/E \qquad\qquad (7.2.5)$$

记 $s = P/E$，$k = L/P$，从而权益收益率 r_e 的表达式又可写成：

$$r_e = (ks + 1)\, r_a + s r_u \qquad\qquad (7.2.6)$$

其中，s 表示盈余保费率，k 表示保费负债率，上述公式表明，保险公司的权益收益率由投资收益和承保收益的财务杠杆作用而产生，其中投资收入的杠杆系数为 $(ks + 1)$，承保收益的杠杆系数为 s。

对（7.2.6）公式的两边关于市场组合收益率求协方差，可得如下关系式：

$$\mathrm{Cov}\,(r_e,\,r_m)\, = (ks + 1)\,\mathrm{Cov}\,(r_a,\,r_m)\, + s\mathrm{Cov}\,(r_u,\,r_m)$$
$$(7.2.7)$$

对（7.2.6）和（7.2.7）两边除以 $\mathrm{Var}\,(r_m)$，就可以得到各种风险系数之间的如下的关系：

$$\beta_e = (ks + 1)\,\beta_a + s\beta_u \qquad\qquad (7.2.8)$$

其中，$\beta_e = \mathrm{Cov}\,(r_e,\,r_m)\,/\mathrm{Var}\,(r_m)$ 表示权益收益的风险系数，$\beta_a = \mathrm{Cov}\,(r_a,\,r_m)\,/\mathrm{Var}\,(r_m)$ 表示资产投资的风险系数，$\beta_u = \mathrm{Cov}\,(r_u,\,r_m)\,/\mathrm{Var}\,(r_m)$ 表示承保收益的风险系数。

综合以上两式，我们就可获得保险资本资产定价模型中承保均衡（期望）收益率的公式：

$$r_u = -kr_f + \beta_u\,(r_m - r_f) \qquad\qquad (7.2.9)$$

其中，$-kr_f$ 表示投保人缴纳的保险费作为保险基金所获得的无

风险利率，$r_m - r_f$ 表示市场组合风险保费利率，是不包括违约风险的不可分散的系统风险的度量

上述公式给出了保险公司的承保均衡（期望）收益率与无风险利率和市场组合风险保费利率之间的关系，它为保险公司的保险定价提供了理论依据。

（2）期权定价模型（Option Pricing Model）

最简单的期权可看成是一项随机性发生的索赔资金，它给予权益所有人（或投保人）在到期（或提前）时以执行价买卖一项资产的权利。欧式买入期权是指在既定日期以既定价格买入既定数额金融资产的购买权，而欧式卖出期权给予权益所有人在既定日期以既定价格卖出一项资产的权利。如果把保险企业的股权资本看作是一种买方期权，则标的资产即是保险企业的总资产，而企业的负债值可看作是期权合约上的约定价，期权的有效期与负债的期限相同，那么，执行期权就等于付出约定价格后（负债总值）买下公司的总资产。对于亏损企业而言，执行期权就意味着对公司进行清算，根据 Black—Scholes 的期权定价模型，欧式买入和卖出期权的价值可分别表示为：

$$C\ (A;\ \tau,\ k)\ = \max\ \{A - K,\ 0\} \qquad (7.2.10)$$
$$P\ (A;\ \tau,\ k)\ = \max\ \{K - A,\ 0\} \qquad (7.2.11)$$

其中，$C\ (A;\ \tau,\ k)$ 表示资产在距离成交日的时间为时的买入期权价，$P\ (A;\ \tau,\ k)$ 表示资产在距离成交日的时间为时的卖出期权价，K 表示执行价，A 表示保险公司的资产价值，τ 表示距离成交日的时间。根据上述两式，将公司负债的现值表达式 $K e^{irc}$ 代入均衡关系式：

$$A - C\ (A;\ \tau,\ k)\ = L - P\ (A;\ \tau,\ k) \qquad (7.2.12)$$

就可以导出买入—卖出期权的均衡方程式：

$$A = \left[K_e^{-rt} - P\ (A;\ \tau,\ K) \right] + C\ (A;\ \tau,\ K) \quad (7.2.13)$$

买入—卖出期权的关系表明了公司资产的价值在股东和债权所有人之间的分割。债务的价值 $K_e^{-rt} - P\ (A;\ \tau,\ K)$ 表示以无风险利率折现的负债现值减去卖出期权的价值，卖出期权价值 $P\ (A;\ \tau,\ k)$ 是当保险公司无偿付能力时对公司进行清算支付债务面额的价值，亦称无偿付能力卖出期权价值，而股东的权益价值则为买入期权的价值 $C\ (A;\ \tau,\ K)$。

国外期权定价模型已被广泛用于保险定价的研究，典型的研究包括 Cummins 和 Doherty – Garven 的保险定价模型，他们都假定资产和负债为随机变量 Doherty – Garven 的定价模型使用离散时间假定下的风险中性的定价理论，而 Cummins 则使用连续时间假定下的 Black—Scholes 期权定价模型。

7.2.2　评价

7.2.2.1　农业保险定价评价

（1）美国纯保险费率的厘定办法评价

该法将实际收获量低于保险产量差额定义为损害成本，是一个绝对指标。保险产量项之前有一个 75% 的系数，表明因致灾因子的损害而使实际产量低于历年平均收获量的 75% 时，保险公司应承担责任。在较短时间内逐年产量变化不大的情况可得到一个可信的结果。但实际上粮食产量逐年之间随着生产力的发展而缓慢提高，即使较短的时期（如 10 年）粮食产量也有较大的变化。使保险产量偏低，最终导致保险费率偏低，并且逐年之间保险费率缺乏可比性。另外，对于一定地区来说，计算保险费率只能利用 10 年左右的样本，降低了可信度。

（2）采用相对比值计算的保险费率评价

第一，根据概率论的原理，随着年份的增多，农作物风险损失频率逐渐稳定。其概率，当年份增至无穷大时，频率的极限就是概率，因此从理论上讲，年份越多损失率越稳定。但是农作物产量不仅受气候条件的影响，而且随着水利、化肥、品种、技术和农药的改变，产量不断提高，生产条件和生产水平差别越大，计算的平均值与其后的平均值的差别越大，则保险费率越不符合实际，折中的结果是取 10 年资料，3 年平均值代表当前生产力水平。第二，损失率指标为相对指标，以 3 年平均值代表当前生产力水平还不足以消除短期波动的影响。第三，该方法各年损害成本为前 3 年平均亩产量，也就是说，只要各年平均产量低于当前平均生产力水平，就计入损失成本，事实上保险公司只是按当前平均产量的一定成数承保，故此方法计算出的保险费率偏高。

（3）我国农作物保险费率的计算方法评价

该方法是以大规模集中连片种植为基础，且以一切农作物的平均产量为基础进行计算和推导。这种方法在我国现有的农户分散和小规模经营情况下没有多大的现实意义，更缺乏操作性。

7.2.2.2　巨灾保险定价评价

现有的巨灾保险产品定价方法不适合我国农业巨灾保险产品的定价。目前，巨灾保险产品定价的通行做法是，在给定预定赔付率和预定投资回报率的基础上，首先根据平衡保费原则计算得到纯保费，然后按照一定的费用率加上附加费用，得到总保费。最后还要根据经验，人为地加上一些风险附加费用。这种保险产品定价方法对被保险人（投保人）和保险公司来说都存在诸多的弊端，尤其是不能适应农业巨灾保险这类发生概率小、造成损失大的险种。

首先，从被保险人（投保人）角度来分析。保险公司承保农业巨灾保险后，由于农业巨灾保险异于其他险种的特点，所以给保险公司的稳定经营带来很大威胁，保险公司必然要额外收取风险附加费来进行巨灾补偿，因此在农业巨灾保险的保费中风险附加费用应占据很大的比重。但是当前使用的定价方法需要依靠经验，人为规定风险附加费用的比例，是非完全透明的，从而造成了信息不对称，而农业巨灾保险的风险附加费用大大高于普通险种，这部分费用仅仅依靠经验加到总保费中，很难让被保险人（投保人）认可。

其次，对于保险公司来说，这种方法同样具有不容忽视的弊端。目前通用的定价方法无法正确合理地解释保险公司的利润来自于何方，保险公司作为商业化运作的企业，没有利润将使其丧失继续运行的必要经济资源。因此按照该方法所厘定的保险产品价格对被保险人（投保人）缺乏足够的说服力。同时传统的定价方法是以每单位的获利多少来衡量，可以是每千元受益、每单位保费或每千元保费等。但是保险公司所注重的不是每单位的获利情况，而是农业巨灾保险这一险种总的保费利润。总的保费利润等于每单位利润与总的销售单位的乘积。通过供求曲线可以看出，农业巨灾保险产品的销售量与保险产品的价格成反比。

如果提高每单位的利润，则农业巨灾保险产品的价格会随之升高，从而降低了农业巨灾保险产品的销售量，因此保险公司的总利润可能反而会减少。这种定价方法没有从宏观的角度去考虑公司的总利润，片面地强调了单位利润的高低，从而在公司总利润层面失去了把握。农业巨灾保险是一种特殊的险种，一旦出现赔付，将严重冲击保险公司的稳定性经营。如果按照传统定价方法，仅仅根据经验在纯保费基础上加上风险附加费用，那么由于其销售价格的大幅度提高，必将削减保险公司在该险种的总利润，同时，会大大提高潜在投保人的逆向选择。

7.3 农业巨灾保险定价探索
——以小麦为例

农业巨灾保险是社会个体成员为了确保其经济生活的稳

定，为避免伴有重大经济损失的偶发农业巨灾事件，通过政策性保险公司这一"纽带"组织，组成了为数众多的社会经济主体的联合，由"联合"中的社会个体分摊而积累成经济准备，使个体风险向团体转移的经济运行机制。农业巨灾保险通过聚集社会个体风险来达到分散社会风险的目的，具有溢出效应。所以对农业巨灾保险产品的定价适合在宏观效用分析下，充分考虑到政策性农业保险公司设置农业巨灾保险的各项费用与收入计算出零效用保费，然后通过一定的方法计算出农业巨灾保险产品的风险附加费用，两者共同构成合理的巨灾保险产品销售价格。由于我国的主要农作物和牲畜品种比较多，鉴于本节的篇幅和数据等限制，在这里以小麦为例，对我国农业巨灾保险定价进行讨论。

7.3.1　切比雪夫大数定律的保险学意义

设独立的随机变量序列 X_1，X_2，…，分别有数学期望 $E(X_1)$，$E(X_2)$，…，及方差 $D(X_1)$，$D(X_2)$，…，且方差是一致有上界的，即存在一常数 K，使 $D(X_i) < K$，$i = 1$，2，…，对于任何正数 $\varepsilon > 0$，$n \to \infty$ 时恒有：

$$\lim P\left\{\left|\frac{\Sigma X_t}{n} - \frac{\Sigma E(X_t)}{n}\right| \le \varepsilon\right\} = 1 \qquad (7.3.1)$$

数学意义：由于独立的随机变量 X_1，X_2，…，X_n 的算术平均值 $\overline{X} = \Sigma X_i / n$ 的数学期望 $E(X)$ 等于数学期望 $E(X_1)$，$E(X_2)$，…，的算术平均值，而方差 $D(X)$ 等于方差 $D(X_1)$，$D(X_2)$，…的算术平均值的 $1/n$，所以如果方差是一致有上界的，则当 n 无限大时，$D(\overline{X})$ 将是一个无穷小量。即当 n 充分大时，随机变量 X 分布的分散程度很小，这就意味着经算术平均后得到的随机变量的值将比较紧密地聚集在它的数学期望 $E(X)$ 的附近[121]。

其保险学的意义在于：

第一，无论是个别随机现象的结果还是它们在进行过程中的个别特征如何，大量随机现象的平均结果实际上与每一个个别随机现象的特征无关，并且几乎不再是随机的了。因此，保险公司摆脱了对个别标的随机风险无力把握的困难，而把注意力转向对千万个保险标的总体风险责任的把握。即对任意小的一个保险标的单元（如一株作物和一小块作物为单位的保险标的），尽管单元保险标的在任意一次遭受某种致灾因子危害种类和程度可能与其他保险标的不同，但在一块面积广大的风险水平相同的范围内，任意单位保险标的受该致灾因子危害的可能性可近似认为是相同的。

第二，保险标的在不严格的相互独立，不一定服从同一分布情况下也适合于大数定律，这消除了农作物或者说投保农民的庄稼可能相互毗连而不适合大数定律的疑问。

第三，保险公司无须分别测算对每一单元投保农作物的风险责任的期望，然后再求数学期望的算术平均值，只要投保农作物的数量充分大，保险公司可以利用投保农作物的经验损失计算保险责任的算术平均值。在其他条件不变时，这一经验损失的算术平均值等于保险责任数学期望的算术平均值。这一原理为保险费率的计算奠定了基础。

7.3.2 采用单一农产品一切险保险费率计算的原因和依据

农业巨灾保险可分为单一险和一切险。单一险是指农作物或牲畜生育期间可能遭受的某种特定的致灾因子所造成的危害作为保险责任。例如，湖北省开展的小麦洪水保险。

单一险有如下缺点：第一，农作物生长过程是一个复杂的过程，整个生长期要受到气象因子、生物因子、土壤理化性质、种子质量、耕作技术、管理手段等多种因素的影响，将农作物的损失简单地归为单一因素既不恰当也不符合实际。第二，致灾因子与农作物的相互关系是一个复杂的非线性关系，农作物生长期间可能遭受不同种类、不同强度、不同频次的致灾因子的作用，故单一致灾因子对农作物最终减产结果的贡献到底有多大难以分离，会给承保和理赔带来困难，甚至引起纠纷。第三，农民最关心的是农作物最终的产量，以农作物产量作为保险标的，不区分某一致灾因子的作用最容易为农民接受。

一切险是以种植面积的产量为对投保农民的担保，担保产量和实际产量出现了差额，保户就会得到这一差额或赔偿。一切险可以分为单一农作物保险和综合农作物保险。所谓综合农作物保险是指农作物不是按品种独立保险的，而是合在一起作为一个保险单位，只有在综合的收获量低于保险保障的水平时，才给予赔付。

我国在进行农业巨灾保险产品设计的时候，应该充分地考虑到我国农户经营分散和个体规模有限的具体情况，不像美国、加拿大等国农业基本采取大规模农场集中连片经营和工厂化规模养殖的模式，农业巨灾保险多采取综合农作物一切险保险的方式。主张在我国采取单一农作物一切险的保险方式。所以，在进行巨灾农业保险产品定价的时候，主要是针对单一的农作物进行的。

7.3.3 修正的小麦巨灾保险费率的计算方法

根据美国农业综合作物保险纯保险费率的厘定办法，结合相对比值计算的保险费率的方法，对其进行修正，确定我国农业巨灾保险保费的厘定办法。由于我国农作物种类比较多，限于时间、资料和篇幅等原因，在这里选取小麦为例进行讨论。

7.3.3.1 小麦产量序列处理

影响小麦最终产量形成的各种自然和非自然因素按影响

的性质和时间尺度划分为农业技术措施、气象条件和随机"噪声"三大类。相应的，如果将小麦单产时间序列视作一个波动函数，这个波由周期不同的谐波叠加而成。为研究的方便，同时考虑实际物理意义，可以将这个序列分解为三个周期不同的波动的合成，即

$$Y = Y_t + Y_\omega + \varepsilon_0 \qquad (7.3.2)$$

其中 Y 为小麦单产，Y_t 是反映历史时期生产力发展水平的长周期产量分量，称为趋势产量；Y_ω 是受以气象要素为主的短周期变化因子影响的产量分量，称为气象产量，以 1 年为周期；ε_0 是受病虫害和社会动荡等随机因素影响的产量分量。

　　趋势产量的模拟采用直线滑动平均模拟的方法，它将产量的时间序列在某个阶段内的变化看作线性函数，呈直线。随着阶段的连续滑动，直线不断改变位置、后延滑动而反映产量历史演变趋势的连续变化。依次求取各阶段内的回归模型，而各时间点上，各直线滑动回归模拟值的平均，即为其趋势产量值。若某阶段的线性趋势方程为：

$$Y_t(t) = a_t + b_t t \qquad (7.3.3)$$

式中，$i = n - k + 1$ 为方程个数，k 为滑动步长；n 为样本序列个数；t 为时间序号。则 $i = 1$ 时，$t = 1, 2, 3, \cdots, k$；$i = 2$ 时，$t = 2, 3, 4, \cdots, k + 1$；$i = n - k + 1$ 时，$t = n - k + 1, n - k + 2, n - k + 3, \cdots, n$。

　　计算每个方程在 t 点上的函数值 $Y_i(t)$，这样每 t 点上分别有 q 个函数值，q 的多少与 n、q 有关。当 $k \leq n/2$，则 $q = 1, 2, 3, \cdots, k, \cdots, k, \cdots, 3, 2, 1$；$q$ 连续为 k 的个数等于 $n - 2(k + 1)$；当 $k > n/2$ 时，则 $q = 1, 2, 3, \cdots, n - k + 1, \cdots, n - k + 1, \cdots, 3, 2, 1$；$q$ 连续为 $n - k + 1$ 的个数等于 $2k - n$。然后，再求算每个 t 点上 q 个函数值的平均值：

$$Y_j (t) = \frac{\sum\limits_{j=1}^{q} y_j (t)}{q} \tag{7.3.4}$$

连接各点的 $Y_j (t)$，即可表示产量的历史演变趋势。其特征取决于 k 取值的大小，由于农业受自然条件的影响大，产量波动大，只有 k 足够大的时候，趋势产量才能消除短周期波动的影响。经过比较并考虑产量序列的长短，征求有关专家的意见也考虑到产量序列的长短取舍对数据处理的经济性和代表性。本节 k 取 11。

求出趋势产量之后，由 $Y = Y_t + Y_\omega$，则气象产量为：

$$Y_\omega = Y - Y_t \tag{7.3.5}$$

由于生产力水平的提高，小麦产量水平不断提高，气象产量也呈前面波幅小、后面波幅大的喇叭口状为平稳时间序列，进一步作相对化变换：

$$\mathscr{E} = Y_\omega / Y_t \tag{7.3.6}$$

此时气象产量就变成一个相对比值，不受历史时期不同农业技术水平的影响，称为相对气象产量，其物理意义表明小麦波动的幅值，不受时间和空间影响，具有可比性。本节采用直线滑动平均法模拟相对气象产量有如下优点：（1）不必主观假定产量序列的曲线类型，减少了人为因素的影响，这对保证本节后面的保险费率区划工作的客观性是很重要的；（2）不损失样本数，并且相对气象产量时间序列随年份增加具有较好的稳定性：由（7.3.3）式及（7.3.4）式可见，相对产量时间序列每个样本值与前面 11 个以及后面 11 个样本有关，这就意味着相对产量序列随样本数增加前面 11 个样本值不随样本的增加而变动；从 $(n-10)$ 个样本起，尽管每个数值受后面增加年份的影响，但是该值等于 q 个与该点有关的线性趋势方程在该点数值的平均值，实际计算表明变动很小，有较好的稳定性。并且年份越多，相对气象产量序列越稳定，大到一定数目以后即可认为随样本数目的增多只增加样本量，不改变原来样本值，这对于保证后面计算的稳定性来说是很有意义的。

7.3.3.2   小麦巨灾保险费率的厘定方法

综合分析上述各种计算方法的优缺点，其中采用相对比值计算保险费率的方法更接近当代保险费率指标的厘定方法；考虑前面采用"前 5 年平均亩产量"的基本目的就是平滑产量的波动性，使该项代表当前生产力的水平，这正是趋势产量的意义。故改进的保险费率厘定公式中逐年亩损失率为：

$$X_i = \frac{50\% \times y_{ti} - y_t}{y_{ti}} = 0.5 - \frac{y_i}{y_{ti}} \qquad (7.3.7)$$

当 $X_i < 0$ 时，令 $X_i = 0$。则 n 年平均损失率为 $X = \sum X_i / n$，纯保险费率的异常损失部分为 X_i；$M_\sigma = \sqrt{(X_i - \bar{x})^2 / (n-1)}$ 为需取方差的倍数，一般取 $0.5 - 3$，σ 为历年损失率的均方差，系数 50% 的意义是当保险标的受灾害影响引起减产幅度达到 50% 以上时保险公司负责赔偿，低于此标准即使受灾亦不索赔。

纯费率 = 历年平均损失率 + 危险附加项 = $X + M_\sigma$

式子左边为纯保险费率，即保险责任，右边为保险标的的损失大小。此方法的准确性关键取决于相对气象产量时间序列的分解，按前面的分析，序列越长，分解的结果越稳定，效果越好；而按照概率论原理，年份越多，小麦巨灾损失频率越接近风险概率。因此，在产量序列足够长的情况下，历年小麦单产的实际损失的平均值接近保险责任的数学期望，这就是上式的物理意义，恰好就是保险费率原理。

毛费率 = 纯费率 × （1 + 15%）

根据（7.3.5）式、（7.3.6）式和（7.3.7）式计算了全国各省小麦保险费率，其结果用于小麦作物保险费率区划。

7.3.3.3　中国小麦巨灾保险费率区划

（1）区划目的

区划的目的在于在全国范围内将小麦生产的巨灾风险水平进行区域空间上的分类，揭示小麦巨灾风险水平的全国分布规律，为指导小麦生产布局和减灾抗灾服务，为开展小麦巨灾保险事业进行分区分类指导提供重要依据。

（2）区划原则

体现小麦巨灾风险水平区域间差异性原则；体现小麦巨灾程度区域间差异性原则，既反映宏观分布情况，又反映微观差异；分区界限宜保持低级行政区的完整性原则，以利于地方政府指导防灾抗灾服务。

（3）分区方法[122]

本节以迭代自组织动态聚类算法为主。选择上述小麦巨灾风险指标将全国分为若干风险区。首先将迭代自组织动态聚类算法简介如下：

设样品集，$X = (X_1, X_2, \wedge, X_n)$ n 为样品数，其中每一个样品由 s 个变量（因子）来描述，即 $X_i = (X_{i1} + X_{i2} + \wedge + X_{is})$，设对 n 个样品进行分类，设分出 k 个类，用矩阵 $U_h = (U_{ij})_{k \times n}$ 来表示这一分类，所有可能的 U_h 矩阵构成了分化空间 $M_{hk} = \{U_{K \times N} | u_{ij}, i = 1, 2, 3, \wedge, n\}$。显然，可能的划分有无限多，为了得到最优划分，自然希望泛函为，

$$J_m(U_h, V) = \sum_{J=1}^{n} \sum_{i}^{K} \|X_J - V_i\|^2 \qquad (7.3.8)$$

达到极小，即聚类准则为：

$$J_m(U_f^*, V^*) = \min\left\{J_m(U_f^k, V^K)\right\} \qquad (7.3.9)$$

式中 V_i 是第 i 类的聚类中心或矩心，$\|\ \|$ 表示 S 维欧氏空间的泛

数，$\|X_J - V_i\|$ 表示第 j 个样品与它所属类的距离平方和，实际计算时用泛数，即欧氏距离为：

$$\|X_J - V_i\| = \left[\sum_{i=1}^{S_i=1} (X_{JK} - V_{ik}) \right]^{1/2} \qquad (7.3.10)$$

一般来说，问题的求解相当困难，Bezdek 证明了当 $m > 1$ 时用下列迭代运算，它的结果是收敛的：

$$u_{ij} = \left[\sum_{t=1}^{s} \left(\frac{\|X_J - V_i\|}{\|X_J - V_t\|} \right)^{\frac{2}{m-1}} \right]^{-1}, \quad \forall i, j \qquad (7.3.11)$$

$$V_i = \frac{\sum_{J=1}^{n} (u_{iJ})^m X_J}{\sum_{J-1}^{n} (U_{iJ})^m} \qquad (7.3.12)$$

具体计算步骤：（1）给定一个初始化分矩阵 U_{j0}，即任意的人工将样品分一次类；（2）根据（7.3.10）式计算聚心 V_1，V_2，Λ，V_K；（3）用（7.3.11）式计算 $U^t = \left\{ U_{ij}^t \right\}$，$t$ 为迭代次数；（4）若 $\max\left\{ U_{ij}^t - U_{ij}^{t-1} \right\} \leq \varepsilon$，则 U_{ij}^t 及相应之 U_i^t 即为所求，否则再回到（7.3.8），ε 为事先给定的正数，表示前后两次迭代误差的界限，一般为较小的数，如 0.01—0.0001。

（4）省级小麦产量巨灾保险费率的分布

根据计算得到的全国 30 个省份的小麦单产保险费率的结果（见表 7 - 2），按保险费率的高低分为 6 个级别：I 级区（< 0.30%）、II 级区（0.30%—1.00%）、III 级区（1.00%—2.00%）、IV 级区（2.00%—3.00%）、V 级区（3.00%—4.00%）、VI 级区（> 4.00%）。其中，I 级区的省份有 11 个，II 级区的省份有 2 个，III 级区的省份有 6 个，IV 级区的省份有 3 个，V 级区的省份有 6 个，VI 级区的省份有 2 个。由图 7 - 1 可见，省级小麦产量保险费率高低的分布大体也呈北高南低的趋势。

表 7 - 2   金国省级小麦保险费率及其分区结果表

风险等级	地区名称	保险费率（%）
Ⅰ级区	北京	0.26
	上海	0.17
	江苏	0.18
	浙江	0.24
	江西	0.27
	广东	0.24
	广西	0.28
	贵州	0.30
	云南	0.29
	山东	0.25
	吉林	0.29
Ⅱ级区	安徽	0.54
	四川	0.93
Ⅲ级区	宁夏	1.87
	湖北	1.14
	湖南	1.57
	福建	1.67
	黑龙江	1.35
	海南	1.24
Ⅳ级区	甘肃	2.93
	河北	2.65
	河南	2.80
Ⅴ级区	新疆	3.75
	内蒙古	3.74
	天津	3.52
	辽宁	3.04
	山西	3.52
	陕西	3.65
Ⅵ级区	青海	4.45
	西藏	4.21

注：台湾省除外。

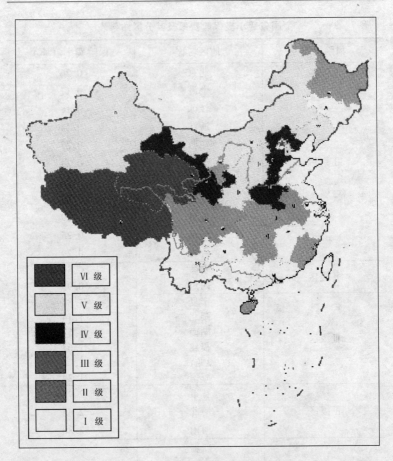

图 7 - 1　全国省级小麦保险费率分布

7.3.3.4　结论

农业巨灾保险工作利国利民，但是目前这项工作还没有开展，而且还存在不少问题。保险工作中农业巨灾保险费率的合理性是关系到农民投保和保险公司开展业务活动的关键，本章改进农业巨灾保险费率的厘定方法与目前我国地方实行的农业小麦产量保险是一致的，具有科学的依据并弥补了其他方法的缺陷，对保险公司开展农业巨灾业务具有参考作用；农业巨灾保险费率的区划表明我国小麦产量的巨灾风险水平具有明显的北高南低的特点，这反映了南方省份小麦生产的风险程度低于北方，这与我国的自然条件如水分、热量以及土壤、作物熟制、气象灾害区域性分布特点以及生产力发展水平等有关。保险费率区划的结果对于保险公司开展农业巨灾保险业务和农业部门防灾减灾发展生产具有一定参考价值。

第八章 农业巨灾保险风险
分散管理技术

农业巨灾保险风险分散管理技术也是农业巨灾保险制度建设的重要内容之一，这是基于我国农业巨灾灾害种类多、发生频率高、分布地域广、造成损失大的现实，在我国农业巨灾保险制度的建设过程中，农业巨灾风险分散管理是农业巨灾保险系统工程中最重要的一环。农业巨灾风险分散管理是指保险人依据自身的资本规模和偿付能力的要求，通过巨灾风险的分散和转嫁，以达到稳健经营的目的。本章从保险人即农业巨灾保险公司的角度出发，探讨农业巨灾保险风险分散管理体系及管理技术。在评价的基础上，制定相应的发展策略，并对农业巨灾保险风险分散管理技术进行有效的应用。

8.1 农业巨灾保险风险分散管理体系

基于我国农业巨灾保险的重要性和特殊性，需要我们用新的管理方法，创新管理手段，革新管理工具，构建我国农业巨灾保险风险分散管理体系。

8.1.1 指导思想
8.1.1.1 系统论思想
农业巨灾保险风险分散管理是一项庞大的复杂工程，涉及方方面面，需要运用各种工具和手段，这就需要我们用系统论的观点指导农业巨灾保险风险分散管理体系建设工作。

8.1.1.2　积极吸收和借鉴国外先进的管理技术

国外巨灾风险管理已经开展了 20 多年，形成了比较成熟的管理技术，积累了一定的管理经验，这些对我国开展农业巨灾保险风险管理工作提供了很好的借鉴。在吸收国外先进的管理技术和方法的同时，还应该结合具体国情，构建出既符合国际惯例又符合我国基本国情的管理体系，有力地推动我国农业巨灾保险的开展。

8.1.1.3　动员一切可以利用的资源

农业巨灾保险风险分散管理是以一定的资源作为基础的，包括资金资源和人才资源等，为此，应该转变观念，调动一切社会资源，利用国内外市场，为我国农业巨灾保险风险分散管理体系建设提供支持。

8.1.2　管理体系初步设想

基于上述指导思想，构建出"四位一体"的我国农业巨灾保险风险分散管理体系（见图 8-1）。

具体来说，就是通过自有资本、外来资金、再保险和农业巨灾保险证券化等构造我国农业巨灾保险风险分散管理体系。这四个方面成为我国农业巨灾保险风险分散管理体系的有机组成部分，相互作用，"四位一体"，共同形成了我国农业巨灾保险风险分散管理体系。

8.2　农业巨灾保险风险分散管理技术

农业巨灾风险分散管理技术是指保险人依据国家政策和市场条件，开发的农业巨灾风险转移工具，以实现国家政策目标和达

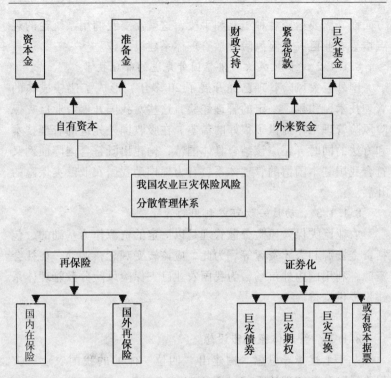

图 8 - 1　我国农业巨灾保险风险分散管理体系

到稳健经营的目的。从巨灾风险损失的特点和保险业的经营要求，巨灾风险分散管理的功能应满足三点：一是有效分散风险；二是增强资金的可得性（特别是短期能够集中大量资金的能力）；三是提高资金使用效率。保险业可持续发展的需要和传统风险分散管理技术的局限性，促进了新型技术的创新。近年来发达国家的保险业在这方面取得了较快的进展。这些新的分散管理技术的主要特征是以风险证券化为主要手段，将巨灾风险的分散管理同资本市场结合起来，大大提高了巨灾风险的管理能力，同时也降低了风险管理成本，提高了资金的使用效率。这些分散管理技术的种类较多，从目前我国具体的国情来看，结合国际上通行的做法，农业巨灾风险分散管理的主要技术有。

8.2.1　农业巨灾保险自有资本分散管理技术

农业巨灾保险自有资本分散管理技术是指使用自有资本方式而不是依靠外部资金来抵御农业巨灾风险的一种手段和方法。当保费收入不足以弥补巨灾损失时，以自有资本为资金来源，实现对被保险人的理赔。

保险人在此方法下对农业巨灾的风险管理体现在以下几个方面：

一是加强承保前的事前控制，降低保险人面临的巨灾风险。例如通过对保险人提供巨灾保障的地理范围的分散，避免风险的过度集中，这是在自有资本一定的条件下保险人从非金融角度所实行的承保风险控制。

二是动员社会一切力量筹措农业巨灾保险公司资本金，增强农业巨灾保险公司实力。要转变巨灾管理思路，调整国家灾害管理办法，把原以救济型为主的灾害管理逐步转变为以保险型为主体的灾害管理，可以考虑把部分救灾款、扶贫款和农业固定资产投资等转化为农业巨灾保险资金，增加国家财政拨款。除此以外，还应该积极动员社会力量，充分利用国内外市场资源，筹集农业巨灾保险公司资本金，壮大农业巨灾保险公司实力，增强其抵御农业巨灾的能力。

三是滚存农业巨灾保险总准备金，以应付突然的农业巨灾保险赔付。保险人应该每年从利润中留存一定比率的巨灾总准备金以平抑各年度的利润。

四是提高公司的资本充足率，可以增加核心资本或次级资本。提高资本充足率，避免公司在农业巨灾发生后陷入困境。

五是提高农业巨灾保险的费率，减少高风险地域的农业巨灾保险供给。现有资料表明了保险人有从高风险地域收缩业务的趋势，不过这是一种被动的农业巨灾风险管理方法，缺乏长远考虑，是一种临时的应付措施，而提高农业巨灾费率要受制于各国的监管政策和法律，并局限在精算定价幅度内。

8.2.2　农业巨灾保险外来资金分散管理技术

农业巨灾保险外来资金分散管理技术主要是通过不同的渠道，利用外来的各种资金，增加农业巨灾保险公司抵御农业巨灾保险风险能力的一种手段和方法。

8.2.2.1　财政补贴

纵观各国的巨灾保险体制，不难发现，各国的财政在农业巨灾的风险管理中具有重要作用，国家财政在巨灾风险管理中的作用体现在：

（1）国家财政的直接补贴

在巨灾发生后，国家直接向灾民和保险人提供实物和资金支持。但是，随着巨灾保险商业化经营的发展，国家的作用开始局限在只对灾民提供实物和资金支持。

（2）国家财政的间接补贴

间接补贴主要是指国家通过税收优惠等对农业巨灾保险进行扶持，包括营业税和所得税的减免以及相关费用的税前扣除。

8.2.2.2　以财政为后盾的信贷便利

在农业巨灾发生后，由银行对灾民提供信贷便利，或者由央行对保险人提供短期资金的支持，或者由商业银行进行资金拆借。尽管严格地说，可以将其看作是金融业的商业性活动，但是，没有国家财政的信用为后盾，这是无法实现的。

8.2.2.3　农业巨灾保险基金

农业巨灾风险保险具有发生概率小但损失巨大的特点，一旦农业巨灾发生，就很容易打破保险公司的常规经营，乃至破产。

尽管国家拥有充足的社会资源和危机管理能力，但农业巨灾发生的随机性与财政预算的计划性发生冲突，农业巨灾风险完全由国家财政负担，势必造成国家财政赤字等相关问题。在保险界与资本市场联合推出巨灾风险证券的同时，发达国家政府和国际组织也纷纷设立专门性的巨灾项目和计划，将社会各方面的力量和资金聚合起来，形成巨灾基金和专门组织，以达到聚集力量、分散风险、共同应对巨灾风险的目的。各国根据本国的实际建立了各种基金和组织。例如，美国国家洪水保险项目（1968）按补贴率为居民和企业提供洪水保险，并通过限制土地使用等方式降低风险；美国佛罗里达飓风灾害基金（1993）创立于安德鲁飓风之后，为该州财产保险公司提供再保险；居民财产保险委员会（2002）是由佛罗里达住宅联合保险协会和佛罗里达暴风协会合并而成，以应对暴风等灾害；法国不可保风险计划（1982）为一些不可保风险提供保险，资金来源是非寿险公司税收[123]。尽管上述项目和组织的作用和发展未必达到理想地步，但它提供了另一种应对农业巨灾风险的途径和措施。

农业巨灾保险基金是我国农业巨灾风险分散的重要技术之一，实行特殊的封闭运作模式（见图8-2）。

农业巨灾保险基金的运作过程，主要需解决以下几个方面的问题：

一是名称：中国农业巨灾保险基金。

二是归口部门：中国农业金融总公司。

三是监管部门：中国保险监督委员会和中国银行监督委员会。

四是基金来源：农业巨灾保险基金的资金可从以下几个方面获取。

第一，每年的保费收入。投保人投保农业巨灾保险所交缴纳的保费和扣除保险公司提取的管理费用余下的部分。

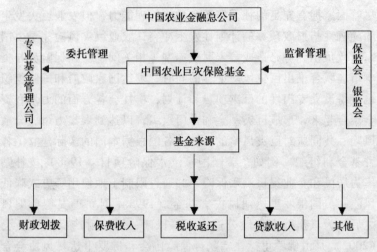

图 8 - 2　中国农业巨灾保险基金运作模式

第二，国家每年从财政预算中按一定比例划入一部分。在现有的财政农业专项资金中，把农业巨灾列为重点支持的项目。在首次建立农业巨灾保险基金时，可由财政多划拨部分资金，以后每年再按一定比例提取。其中，中央财政可以适当从扶贫资金和农业固定资产投资资金中进行划转。

第三，税收返还。对中国农业金融总公司的农业巨灾保险实行零税收。对公司现行的农业贷款营业税税率调整为 5% 为宜。每年国家另行向保险公司按应缴营业税额的 5% 提取农业巨灾风险准备金。

第四，从公司的年农业贷款收入中每年提取 5% 作为农业巨灾风险准备基金。

五是基金管理：从以上四个渠道获取的农业巨灾保险基金，全部滚动积累起来，实行单独建账，长期积累，专款专用。农业巨灾保险基金可由资信良好的基金管理公司进行保值增值，以应付农业巨灾风险带来的巨额赔付，增强农业巨灾保险公司和国家应付农业巨灾风险的能力。

8.2.3　农业巨灾保险再保险分散管理技术

任何保险公司包括农业巨灾保险公司，为了避免自己承保的业务遭受巨额损失，甚至影响正常经营。传统的巨灾风险分散机制，可以采取三种不同的处理方法：每笔保险业务以其所能承担的损失为限；对于大额业务与其他保险公司联合承保，即共同保险；通过再保险方式，使原保险人可以承保超过其自身能力所能承担的业务，增加业务收入，同时，使被保险人各种保险的需要得到满足，特别是巨额风险得到保障。

8.2.3.1　再保险概述

再保险也称分保，是保险人在原保险合同的基础上，通过签订分保合同，将其所承保的部分风险和责任向其他保险人进行保险的行为。如果分保接受人又将其接受的业务再分给其他保险人，这种业务活动称为转分保或再再保险，双方分别称为转分保分出人和转分保接受人[124]。

对于农业巨灾风险，任何一个保险人都不可能只凭自身的资本积累进行承保。再保险作为保险人分散巨灾风险的手段，有其特殊的作用：再保险对固有的巨大风险进行有效分散；再保险对特定区域内的风险进行有效分散；对特定公司的累积风险进行有效分散；通过相互分保，扩大风险分散面。

国际再保险业从 14 世纪产生以来，经过几个世纪的发展，已相当成熟，形成了多种灵活的分保形式。比如从合同的安排来说，就有临时分保、合同分保和预约分保之分。从原保险人和再保险人承担的责任角度分，再保险可分为比例再保险和非比例再保险。比例再保险以保险金额为基础确定每一危险单位的自留额和分保额，分出公司的自留额和分入公司的分保额均是按保险金额的一定比例确定的。比例再保险又可细分为成数再保险和溢额再保险。非比例再保险以总赔款金额确定原保险人的自赔额和再保险人的分赔额。非比例再保险主要有险位超赔再保险、事故超赔再保险和赔付率超赔再保险。

8.2.3.2　实施再保险的数理依据及实证研究

(1) 实施再保险的数理依据[125]

下面是一个理想化的模型，它可说明再保险分散风险、稳定财务和优化资金运用的作用。假设某保险组合为 G ，并假设保费的利润附加为 0 ，则要求保险人用于维持 G 经营的资本额，可近似地表示成 G 的赔付额期望现值的标准差的线性函数，即：

$$M_G = k\sigma_G \qquad\qquad (8.2.1)$$

这里 k 是一个恰当的常数，表示的是保险人所期望的可靠性水平。例如对于正态分布，95% 的可靠性对应的 k 值为 1.96。

设原保险人分保后将 G 分成两部分：N 表示自留的部分，R 表示分保的部分。自留部分 N 的资本需求（即原保险人的资本需求）为：

$$M_N = k\sigma_n \qquad\qquad (8.2.2)$$

分保部分 R 的资本需求（即再保险人的资本需求）为：

$$M_R = k\sigma_R \qquad\qquad (8.2.3)$$

一般地，若再保的部分和自留的部分不是完全线性相关且不采用成数再保的形式，则有：

$$\sigma_N + \sigma_R > \sigma_G$$

这意味着，如果将一个孤立的保单组合通过除成数再保险以外的其他再保险形式分解成两部分承保，则 σ_G 为承担这两部分风险的资本需求之和，大于原保险人单独承保总风险时的资本需求。然而，再保险人接受的再保业务并不止一份。由于大量独立风险的积聚，会使再保险人的相对变异性减小。假设再保险人接受了 n 份独立同分布的分保组合，则其的总资本需求为：

$$M_{nR} = k\sigma_{nR} = K\sqrt{n}\sigma_R \qquad\qquad (8.2.4)$$

其中，用于 G 的资本为：

$$M_R = \frac{M_{nR}}{n} = \frac{k\sigma_R}{\sqrt{n}} \qquad (8.2.5)$$

所以，再保后用于保险组合 G 的总资本为：

$$M_N + M_R = K\left(\sigma_N + \frac{\sigma_R}{\sqrt{n}}\right) \qquad (8.2.6)$$

当 n 足够大时，$M_N + M_R$ 将小于 M_G。由此可见，通过再保险不仅使原保险人减少了风险（$\sigma_N < \sigma_G$，$M_N < M_G$），而且原保险人和再保险人集聚的资金能够比原保险人单独承保时等额的资金发挥更大的作用。或者换句话说，承保一定的风险，通过再保险可减少原保险人及再保险人的资本需求。这样从整体的角度来说再保险使资金应用得到了优化。

（2）实证研究

假设某保单组合的保险金额为 100 元，其损失分布如下（该损失分布是个理想化的分布，与现实的分布会有较大差异，但它具有一般巨灾损失分布右偏斜的特性，因此不影响我们所进行的分析比较）：

损 失 额 C_i	0	30	50	80	100
损失概率 P_i	0.05	0.4	0.4	0.1	0.05

该保单组合的损失期望值：

$E(C) = \sum C_i P_i = 45$

标准差为：

$\sigma = \sqrt{\sum \left[C_i - E(C)\right]^2 P_i} \approx 22$

其变异系数为：$K = \dfrac{\sigma}{E(C)} \approx 49\%$

第一，考虑成数再保险方式，保险人安排 50% 的分保，则愿保险人分保后的损失分布为：

损 失 额 C_{1i}	0	15	25	40	50
损 失 概 率 P_{1i}	0.05	0.4	0.4	0.1	0.05

此时，愿保险人的损失期望值为：

$E(C_1) = \sum C_{1i} P_{1i} = 22.5$

标准差为：

$\sigma_1 = \sqrt{\sum [C_{1i} - E(C_1)]^2 P_{1i}} \approx 11$

其变异系数为：$K_1 = \dfrac{\sigma_1}{E(C_1)} \approx 49\%$

与未分保前的变异系数相同，印证了前述"成数再保险不减少相对变异性"的结论。

第二，考虑险位超赔再保险方式，保险人将损失额超过 50 元以上的部分分保出去，则原保险人分保后的损失分布为：

损 失 额 C_{2i}	0	30	50
损 失 概 率 P_{2i}	0.05	0.4	0.55

此时，原保险人的损失期望值为：

$E(C_2) = \sum C_{2i} P_{2i} = 39.5$

标准差为：

$\sigma_2 = \sqrt{\sum [C_{2i} - E(C_2)]^2 P_{2i}} = 13$

变异系数为：

$K_2 = \dfrac{\sigma_2}{E(C_2)} \approx 33\%$

与未分保前相比，变异系数有了显著减少。同时也印证了前述"险位超赔再保险可以显著削减原保险人自赔额的变异性"这一结论。

8.2.3.3 我国农业巨灾再保险体系设计

我国目前只有一家再保险公司（中国再保险股份公司）。考虑到我国农业巨灾组织和管理体系的设计情况，结合再保险的特点，我国农业巨灾再保险体系应该是以国家信用为底线、以农业巨灾保险基金为基础的，结合国内外再保险公司的再保险构建我国农业巨灾再保险体系（见图8-3）。其中国家信用基本上承担再保险兜底的角色。

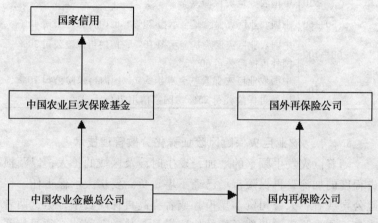

图8-3 我国农业巨灾再保险体系设计

8.2.3.4 我国农业巨灾保险再保险赔付等级及相应的负责部门设计

我国政府从安定社会、稳定居民生活和普及农业巨灾保险考虑，由政府出面，组织国内外再保险公司构建我国农业巨灾再保险体系，负责接受和分配农业巨灾再保险业务（见表8-1）。当农业巨灾赔偿比例在30%以下的时候，考虑由中国农业巨灾保险基金进行再保险。农业巨灾赔偿比例在30%到60%的时候，考虑由中国农业巨灾保险基金和国内再保险公司进行再保险，拿一定的比例在两家之间进行分成再保险。农业巨灾赔偿比例在60%到100%的时候，可以考虑利用国外再保险公司的资金进行一定比例的分保。当农业巨灾赔偿比例超过100%的时候，国家就应该充当"最后再保险人"的角色，为法定农业巨灾保险兜底。

表 8 - 1　我国农业巨灾保险再保险赔付等级及相应的负责部门设计

赔款比例（%）	承担农业巨灾损失的相应部门
< 30	中国农业巨灾保险基金。
30—60	中国农业巨灾保险基金承担20%，国内再保险公司40%。
60—100	中国农业巨灾保险基金承担10%，国内再保险公司30%，国外再保险公司60%。
> 100	中国农业巨灾保险基金承担5%，国内再保险公司10%，国外再保险公司25%，国家信用70%。

8.2.4　农业巨灾保险风险证券化分散管理技术

随着巨灾发生频率的增加，发生时涉及区域的扩大，以及损失程度的加深，再保险市场已经不堪重负。要扩大承保责任，保险公司或者扩大公司资本规模，或者提高再保险费率，但这两者都是不能满足巨灾赔偿金额的快速增长趋势的，因此必须寻找新的为巨灾风险进行融资的方法。巨灾风险证券化也正是应这一要求而产生和发展的。

8.2.4.1　巨灾风险证券化概述

巨灾风险证券化始于1992年。当时，美国主要的投资银行、保险公司和再保险公司都认为巨灾风险是一个证券化的最大"资产种类"，但是直到1996年，这种想法都没有实现。此前大部分的保险证券化产品都没有能够成功上市。那些上市的也因为市场需求量很少而以失败告终。但是自1997年开始，保险证券化市场得到了迅速的发展。在这个过程中，先后出现了许多转移巨灾风险的金融工具：巨灾债券（Catastrophe Bond），巨灾期权（Catastrophe Options），或有盈余债券（Contingent Surplus Notes），或有股票卖出期权（Contingent Equity Put），SPRV（Special Purpose Reinsurance Vehicles），风险组合互换（Portfolio－Linked Swap），巨灾信用限额（Catastrophelines of Credit）等[126]。

（1）或有盈余债券（Contingent Surplus Notes）

在这种方式下，投资者把资金投入到一个保险信托机构中，由该机构发行带息债券。为了保护投资者的本金（principal），信托机构将把基金投资于政府债券。该证券的特点是：在一个确定的期间，若预先确定的巨灾事故发生，则保险公司能够有权力以确定的利息率向投资者发行盈余债券，而且这种盈余债券在保险公司资产负债表上的处理是只增加保险公司的资产，而不增加负债。保险公司或再保险公司这项业务的成本是流动性证券收益与其应支付给投资者的回报之间的差额。

1995 年 1 月，NMIC（National Mutual Insurance Company）通过一个特殊的信托机构 Nationalwide Contingent Surplus Notes（CSN）Trust（Niedzielski, 1997）发行了 4 亿美元的或有盈余债券。Hannover 再保险公司和 Arkwright 保险公司分别在 1995 年和 1996 年实行了类似的计划[126]。

表 8－2　　　　　　　　　CSN 的发行情况

被保险人	承销商	发行额（百万美元）	期限	状况
AIG	Merrill Lynch	100	1992	Not Closed
Natinalwide	Morgen Stanly	400	1995	Closed
Hannover Re	Citibank	85	1995	Closed
Hannover Re	CBOT	35	各种期限	连续交易

（2）巨灾信用限额（Catastrophelines of Credit）

这种证券化安排的目的和 CSN 是一样的，即在确定巨灾发生后能获得资金，来为巨灾赔偿融资。1994 年，佛罗里达州风暴承保协会从 Chase Manhattan 集团建立的辛迪加银行机构获得了 10 亿美元的巨灾信用限额，来为风暴、飓风、龙卷风及其他的与承保风险有关的索赔支出融资。

（3）巨灾股票卖出期权（Catastrophe Equity Puts）

"Put"是一种按预先确定的价格出售证券的一种权力，因此巨灾期权（CAT PUT）就是在一次巨灾后，可以按确定的价格销售其股票。和 CSN 一样，其优点就是在一次巨灾之后，在大量需要资金的时候，能够以确定的价格立即获得资金。

1996 年，RLI 公司和 Centre Re 签署了巨灾股票期权合同。合同规定，如果 RLI 由于加利福尼亚地震所承担的损失超过已存在的巨灾再保险计划，Centre Re 就有义务购买 RLI 无投票权的优先股股票 5 千万美元。

（4）巨灾债券（Catastrophe Bond 或 CAT BOND）

这种金融工具的一般特点是投资者购买由保险人或一个保险信托机构发行的债券。投资者将收到一定的回报，以补偿保险公司使用其资金，以及可能存在的在一个确定的风险期间一个预先确定的风险事故发生，保险人减少其回报（通过减少本金或利息，或两者同时减少的方式）的潜在风险。巨灾债券使投资者的本金和利息在事先确定的农业巨灾事故发生时，都面临损失的风险。因此，投资者对此类投资的回报要求要比一般的投资回报高，以反映保险人所拥有的对其本金和利息支付减少的权利。

对投资者的利息支付和在传统的在保险交易中支付给再保险人的保险费一样。投资者的投资资金是放在一个账户或一个基金中的，这些资金以 LIBOR（伦敦同业拆借利率）利率（或再加上一定的基本点）计息。

　　在一个超额损失的巨灾债券下，如果事故发生所导致的损失超过了在债券合同中列明的对某一地理区域和时间段的规定的限额，那么，投资者将可能损失其本金的全部或部分。这事先会在债券中说明（当然本金的损失程度不同，给投资者的投资回报率也有很大的不同），而且是由投资者根据自己的风险承受能力进行选择的。如果列明的事故未发生，或限额未超过，那么投资者将获得票面利息和按 LIBOR 利率计算的利息。如，在 1997 年 6 月，美国汽车协会（USAA）发行了 4.77 亿美元的超额损失巨灾债券来为其 Gulf 海岸及东海岸的飓风风险进行再保险安排。

　　（5）风险组合互换（Portfolio – Linked Swap）

　　这种金融工具的主要特点就是投资回报与保险事件的发生相关联，但是却不发生本金的交换，而是投资者事先收到保费，并且按照信用级别，用信用证来保证履行其责任。这样投资者就可以在整个互换期间把互换的资金以任何自己希望的方式来投资，而不是像大部分巨灾债券那样，这笔资金要发生事先的支付，且只能获得按 LIBOR 计算的利息，投资者没有运用的权利。Hannover Re 在 1996 年 12 月与花旗银行进行了 1 亿美元的巨灾互换协议，其范围包括日本地震、澳大利亚、加拿大地震和风暴、世界范围的空难及欧洲的风暴。

　　（6）巨灾期权期货交易（CBOT）

　　在 1992 年末，CBOT 首次进行了农业巨灾的衍生工具销售。起初，巨灾期货和巨灾期权都是在 CBOT 的交易大厅交易。其提供的保障是在 6 个月的合同期内，巨灾事故发生时，承担一定份额的损失。开始，CBOT 计算损失支出的巨灾指数是由 ISO（the Insurance Service Office）设计的，有 4 个地区可以获得这种期权和期货合同，该指数是建立在 25 个公司损失的基础上的。在 1995 年 9 月，CBOT 开始将其巨灾保险合同建立在 PCS（Property Claim Services）设计的巨灾损失指数上。现在，只有巨灾期权仍在交易，并且是欧式期权。其承保的地理区域也从 4 个扩大到 9 个[127]。

8.2.4.2　我国农业巨灾保险风险证券化评价

国外巨灾保险风险证券化为我国农业巨灾保险风险分散管理提供了很好的借鉴工具。基于我国证券市场的现实，应该说我国已经初步具备了加快农业巨灾保险风险证券化的基本条件，但也存在一定的问题。

（1）发展农业巨灾保险风险证券化的可能性

目前我国已初步具备了加快农业巨灾风险证券化进程的一些基本条件：

第一，中国资本市场的迅速发展为农业巨灾风险的证券化提供了可能。总体来讲，我国资本市场虽起步较晚，但发展较快，尤其是 1996 年以来，有了长足的进步。具体表现为：

资本市场发展迅速。交易品种由原来单调的股票债券发展为投资基金、商业票据、大额可转让定期存单等多种金融工具。目前上市交易的金融商品已达 400 多种，且交易规模正逐步扩大。2004 年底推出统一股票指数，并随后推出期货期权品种。这标志着我国资本市场的进一步完善和成熟。而巨灾风险证券化产品的出现，将进一步丰富投资品种，有利于投资者优化其投资组合。

证券交易所、交易结算中心等中介机构逐步建立，交易网点日渐增加。资本市场的运行尤其是证券交易在技术操作方面已实现了电子化。电脑自动对盘、股票无纸化交易，这些都是比较先进的。此外，"全国证券交易自动报价系统"早已投入运行，电话、网络委托交易被广泛运用。证券交易手段的现代化大大增加了证券交易的规模，提高了证券交易的效率。这为巨灾风险证券化产品的交易提供了物质条件。

个人投资者和各类机构投资者日益增加，扩大了资金供给量。随着资本市场规模的不断扩大，资本市场使传统的资金配置格局发生了根本性变化，增加了储蓄向投资的转化，实现了金融资产的多样化和投资主体的多样化。

资本市场逐步国际化。我国从 1991 年就开始发行 B 股，并开始在海外筹集资金。巨灾风险证券化产品的市场运作本身就有很强的国际性，中国加入 WTO、国家对资本市场的进一步开放都为巨灾风险证券化产品的发展做好了准备。

资本市场管理逐步规范化。确立了"法制、监管、自律、规范"的指导方针，为资本市场管理确立了总体框架。为了引导资本市场向健康有序的方向发展，国务院、人民银行和证监会制定、颁布了有关股票市场、债券市场、期货市场、产权交易市场的法规和管理规定，使我国资本市场的运行基本上能够做到有法可依，初步纳入了法制化管理的轨道。我国证券机构和交易所的行业自律体系建设也取得了较快发展，资本市场管理体系已较完善。

第二，中国政府的积极态度为中国发展农业巨灾风险证券化增加了可能。从中国保险市场与资本市场对接的政策演变过程和发展的速度（见表 8 - 3）不难看出，中国政府对发展我国保险市场的态度是稳健而积极的。或许在不久的将来，投资者在中国的资本市场上就能购买到农业巨灾保险联结证券。

第三，我国已经加入 WTO，面对国际保险巨头丰富多样的筹资渠道和资金运作方式，我国农业巨灾保险公司显然需要更广阔的经营空间。

（2）农业巨灾保险风险证券化面临的问题

近 20 年来国外保险证券化取得了快速的发展，为保险市场引入了新的风险转移途径，带来了资本市场上充裕的资金，保障了保险公司和社会上广大投保人的利益。不过，我国实施农业巨灾保险风险证券化存在一些问题。

　　目前，中国的保险公司无论是巨灾风险证券化（包括农业巨灾保险风险证券化），还是其他证券化类型基本上还是一片空白，这是因为在中国进行风险证券化的条件还不十分成熟。除了巨灾保险风险证券化的一般性障碍外：通过资本市场进行保险风险证券化成功与否的首要条件是，该交易是否具有价格竞争力；保险风险证券化的非价格交易成本太高；保险风险证券的流动性难以保证；保险风险证券化的透明度限制；监管制度不完善，监管不力；缺乏资信评级机构。联系我国目前的实际情况，农业巨灾保险风险证券化中的问题表现得更现实和突出。

　　从保险公司角度来说，中国现在的保险市场建立时间不长，保险公司的发展还没有达到因为业务快速发展而缺乏资金的程度，因而目前它们还没有寻找为其融资的其他途径的需求。

　　从投资者这方面来讲，中国资本市场上的投资者较之发达国家的投资者幼稚得多，更加谈不上对于保险风险证券化产品的知识和需求。

表 8 - 3　　　中国保险市场与资本市场对接的政策回顾

时　间	内　容	进程评价
1995.6.30	《保险法》颁布，第 104 条规定，保险公司的资金运用，限于在银行存款、买卖政府债券、金融债券和国务院规定的其他资金运用形式，保险公司的资金不得用于设立证券经营机构和向企业投资。	保险投资割断与国债市场之外的资本市场联系，另外该法还规定了金融分业及产寿分业原则；是对以往保险公司滥投资的一次全面整顿及强制性制度变迁。
1998.10	人民银行允许保险公司参与银行间债券市场从事现券交易。	国债市场现券空间打开。

续表

时　间	内　容	进程评价
1998	财政部在 1998 年国家发行国债的总额内向数家商业保险公司发行了 60 亿元人民币的定向债券，该国债为附息国债，期限为 5 年，年利率为 5.68%（当时 5 年期存款年利率为 5.22%）。	面向保险公司定向国债的发行。
1999.7	经国务院批准，保险公司可以在中国保监会申请，国务院批复的额度内购买信用评级在以上的中央企业债券，并可在沪深两家证券交易所交易该类上市债券。	高等级企业信券市场的放开。但级以上中央企业债券市场容量过小，对保险公司而言为杯水车薪。
1999.8.12	保险公司获准进行银行间同业债券市场办理国债回购。	国债回购市场对保险公司开放。
1999.10.27	国务院批准保险公司可以通过购买证券基金间接进入股票二级市场，保险公司可以在二级市场上买卖已上市的证券投资基金和在一级市场上配售新发行的证券投资基金。投资比例为公司资产的 5%。	证券投资基金市场对保险公司开放，保险金"间接入市"。
1999.10.29	我国首批获配原始新基金的 11 家保险公司（包括中外合资公司）认购同盛证券投资基金 9 亿份基余单位。	"间接入市"正式启动；外资保险公司在投资上的国民待遇。

续表

时　间	内　容	进程评价
2000.3.6	保监会批准平安等 5 家保险公司投资证券投资基金比例提高到 10%。6 月初，保监会批准太保投资证券投资基金比例提高到 15%。6 月 8 日，平保透露保监会已同意该公司将投资联结产品部分投资证券投资基金的部分投资比例可提高到 30%。	保险资金"间接入市"比例越来越高。
2000.5	证监会周小川主席公开指出，欢迎保险机构及养老机构参股基金管理公司。	保险公司参与基金管理公司开禁。
2001.3	保监会批复平安等 3 家寿险公司投资联结保险在证券投资基金的投资比例从 30% 放宽到 100%。	对保险投资的进一步鼓励与放开。

　　资料来源：朱楚珠，严建红：《中国保险市场与资本市场对接的系统设计及其影响》。

　　从资本市场角度来说，中国的资本市场建立时间很短，因而还不成熟，市场自由度、开放度、灵敏度和规范度都不够，市场尚不具备为保险风险准确定价的能力，而且资本市场上非常缺乏发展保险风险证券化所必需的中介机构，譬如信用评级机构；从法制和监管环境上讲，像 SPV 这样的机构在中国的法律与监管地位尚为空白，因而也谈不上什么税收优惠。

　　这些因素都影响了农业巨灾保险风险证券化在中国的发展。由此可见，中国实现保险风险证券化在短期内还只能处在设想、设计和认识阶段。但是，随着我国经济的迅速增长和保险事业的高速发展，对保险风险证券化的需求将会不断加强，农业巨灾保险证券化发展所需的外部环境也会逐渐形成。可以预料，在未来农业巨灾保险风险证券化在中国就如同它在国外一样，一定会有自己发展的空间。

8.2.4.3　农业巨灾保险债券——农业巨灾保险风险证券化的现实选择

目前，从资本市场和投资者角度来讲，中国的资本市场还是不成熟的，市场自由度、开放度、灵敏度和规范度都不够，因而市场不能为保险风险准确定价；而中国资本市场上的投资者虽然已经从国外的经验学习中取得了长足的进步，但仍然处于一种比较幼稚的时期，他们对农业巨灾保险风险证券化产品仍然持观望和怀疑态度。

因此，农业巨灾保险证券化的推行是一个需要在实践中不断总结，逐步发展的过程。对于如何开展这项工作，各级保险部门可根据实际情况进行一定的实践探索。但我们认为农业巨灾保险证券化应该本着渐进的方针推进。从我国目前金融市场发展状况以及社会认知程度相适应的角度来看，农业巨灾保险风险证券化从债券化着手比较合乎现实情况，因为：

（1）农业巨灾保险债券具有收益相对稳定的特点，比较适合我国居民对资金利率稳定的需求偏好。从目前居民资产分布实际情况看，我国大多数居民仍偏好国债储蓄等收益稳定的金融产品。因此农业巨灾保险风险证券化从债券化着手，易于推行且符合保险业务分散化的原则。

（2）农业巨灾保险风险证券化从债券化入手，投资者承担的风险可以控制。农业巨灾保险证券化产品的收益确定与保险业务遭受的损失有直接的联系，以债券化起步可以使投资人所遭受的损失控制在可承受的限度内（如只承担利息损失，而不危及本金）。这样，既使农业巨灾风险损失得到了分摊，又能够保持证券化产品在市场上的稳定。

（3）农业巨灾保险债券化产品对于产品设计的要求较高，能够杜绝投机性的产品问世。由于对债券化保险企业的开发能力有比较高的要求，因此在发展过程中，能够促使各保险企业吸收高层次人才，提高设计开放水平，最终将推动保险企业向新的管理层次迈进。

因此，在我国推行农业巨灾保险证券化的过程中，首先开发农业巨灾保险债券应该是一个比较切合实际、符合我国特殊国情的方法。下面就对农业巨灾保险债券进行单独的介绍。

8.2.5　农业巨灾保险债券分散管理技术

8.2.5.1　农业巨灾保险债券概述

（1）一般运作模式

农业巨灾保险债券 ①，一般由保险公司或再保险公司先在租税优惠地区成立一家专设的再保信托机构，叫做特别用途工具（Special Purpose Vehicle，简称 SPV），由 SPV 在市场上发行巨灾债券。这种债券的特点，在于其利息的支付或本金的偿还，完全依据巨灾损失的发生情况而定。

如果在此期间内没有发生任何债券契约上所载明的自然灾害的话，则保险人将会支付债券投资人票面利息以及偿还其本金。相反，如果有发生上述的巨灾损失，则投资人将依合同规定放弃

---

①　农业巨灾保险债券是以支付一定的费用为条件，自身或委托专门的机构（如信托公司或再保险公司）发行的，主要用来筹集农业巨灾损失准备资金的债券。其基本原理是：向发行公司支付一定标准的选择费，发行公司在资本市场向投资者发行债券，发行债券所得的资金进行投资，如果农业巨灾保险公司发生了发行条件所规定的巨灾风险损失，则就按照预定触发条件进行管理。因此，农业巨灾保险债券工具是通过资本市场，对未来可能使用的一笔资金以支付一定数量选择使用这笔资金权利的费用来迅速筹集大量资金来满足农业巨灾损失赔偿的支付。

部分或全部的利息和本金。

一般而言，巨灾债券所约定的触发事件（trigger event），通常有下列几种：

以特定保险公司所可能遭受的巨灾损失；以整个保险市场所可能遭受的巨灾损失；以专业机构的统计指针；以特定巨灾事件发生的地点、规模。

（2）巨灾债券的发行架构及其流程

在巨灾债券交易过程中，一个特殊用途工具（其实是一家特殊用途再保险公司）与保险公司签订再保险合同，同时在资本市场上向投资者发行巨灾债券（图8-4）。

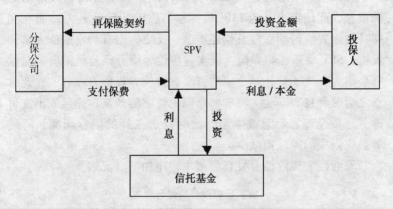

图8-4 巨灾债券发行的架构与流程

一般而言，保险公司或再保险公司（分保公司）会先在税制优惠区成立一家特殊用途工具（Special Purpose Vehicle，简称SPV）或者叫特殊用途再保险公司。SPV发行巨灾债券，并与分保公司签订再保险契约以提供其再保险的保障[128]。

特殊用途保险公司是一个典型的独立所有信托，它可以是一家在离岸地注册法律意义上的再保险公司，从事与证券化相关业务。特殊用途保险公司的存在可以避免保险公司在资产负债表中增加负债，同时使得保险公司在计算净保费盈余率时扣除再保险费用。对投资者来说，如果保险公司由于某些原因破产的话，那么特殊用途再保险公司仍然有义务兑现巨灾债券，从而减轻投资者所承担的保险经营信用风险。

为确保债权人未来债权取回的完整，与巨灾发生后所需支付的巨灾损失赔款，SPV 会将发行巨灾债券所取得的资金以及提供再保险契约所收取的保费，投资在仅能购买无风险且流动性高的低风险债券（例如短期国库券）的信托基金（Trust Funds）上，定期由信托基金收取基金利息。

若无巨灾发生时，则 SPV 必须按期给付债券投资人所约定的债息，此债息通常为 LIBOR 再加上固定的风险利差，而在到期日时则要给付债息以及偿还本金；反之，当有约定的巨灾事件发生，SPV 将依据再保险合同支付赔偿金给分保公司，所需赔款资金则为存放于信托基金中的资金。对债券投资人而言，在此时点之后的利息和本金，将按照合同上订定的条款，递延或不支付部分（或全部）利息或本金，此时流通在外的债券面额，将随着巨灾损失的摊赔而减少。

农业巨灾保险债券发行的基本程序如下（见表 8－4）。

表 8－4　　　　　　　　农业巨灾债券的发行程序

工作阶段	阶段任务	具体工作
第一阶段	风险评估	采用适当的风险评估模型，对发行巨灾债券的风险进行评估计算，通常委托给专业的风险评估公司进行。
第二阶段	确定发行机构	参考当前的市场情况，按照母公司巨灾风险转移的要求，设计出结构合理的巨灾债券，如本金保障型还是本金没收型，巨灾触发事件损失金额的确定等。这一阶段的工作对巨灾债券能否顺利发行至关重要。

续表

工作阶段	阶段任务	具体工作
第三阶段	审查评估	会计师事务所与律师事务所等对母公司的财务、经营状况、SPV 的财务、经营状况，要发行的巨灾债券内容等进行审查。
第四阶段	文件编制	编写巨灾债券发行的有关文件，主要是发行人与投资者的权利与义务、巨灾发生时的损失计算、应缴税负等内容。
第五阶段	信用评估	国际信用评级公司对要发行的巨灾债券进行等级评定，供投资者参考。
第六阶段	上市发行	委托证券公司或投资银行等机构承销巨灾债券。

资料来源：李延明、吴燕：《巨灾债券在巨灾风险管理中的应用》，2005。

（3）分类

一般而言，以巨灾债券本金偿付的条件来区分，可分为本金保证偿还型（principal protected）与本金受险型（principal at risk）[129]：

本金保证偿还型：在约定期间内，不论有无巨灾事件发生，都必须偿还债券本金给债券投资人，只是偿还本金的期限可能依据债券合同的规定而递延。若在约定期间内无巨灾事件发生，则债券到期时偿还债券本金；若发生巨灾损失，则 SPV 将依债券合同所约定的偿付时间来偿还本金，且一般在此期间不需支付利息。

本金受险型：当所约定的巨灾损失事件发生时，SPV 所偿付给分保公司的金额，将直接从本金中扣除，直到债券全部的本金赔付巨灾损失殆尽为止。如果债券到期时本金仍有剩余，则剩余部分将偿还给债券投资人。

8.2.5.2 农业巨灾债券的可行性分析[130]

农业巨灾债券是从保险负债证券化中产生出来的。考虑一年期再保险合同：合同期内，如果事先确定的农业巨灾保险事件发生，再保险公司就向原保险人支付固定赔款 L，如果农业巨灾保险事件没有发生则不支付赔款。当再保险保单出售时，L 是已知的。设表示再保险公司估计巨灾事件发生的概率，表示再保险价格，那么，从再保险公司角度，再保险的公平价格是：

$$P_1 = \frac{1}{1+r} q_1 L \tag{8.2.7}$$

其中，r 是一年期无风险利率。

原保险人和保险监管机构都希望确认再保险公司在农业巨灾发生时是否有足够资金履行保险合同。由于再保险公司承担的是单个巨额风险，适宜的融资方法是完全融资，也就是再保险公司要使客户确信它的资金贮备超过 L。为了在出售再保险保单之前筹到所需资金，再保险公司发行可违约债券，从资本市场融资。投资者知道这些债券有可能在债券期满时无法兑现，但比起那些较为安全的债券来讲，这些债券违约可能性很小而且投资收益较高，因此投资者会购买。再保险公司发行巨灾债券，积累资金 C 满足：

$$(P_1 + C)(1+r) = L \tag{8.2.8}$$

这样，再保险公司就有充足资金保证支付将来可能出现的索赔。

对投资者来讲，如果农业巨灾发生，债券将毫无价值；如果巨灾不发生，投资者将得到本金和息票 $R = L - C$。设 $c = \frac{R}{C}$ 是息票利率，q_2 是投资者估计债券违约率，债券按面值发行债券，即投资者投资1，一年后如果农业巨灾事件不发生就得到 $1 + c$，折现预期现金流，债券市场确定的债券单位面值发行价格是：

$$\frac{1}{1+r}(1+c)(1-q_2) \tag{8.2.9}$$

且，$\dfrac{1}{1+r}(1+c)(1-q_2)=1$　　　　　　(8.2.10)

得到 $q_2=\dfrac{C-r}{1+c}$　　　　　　(8.2.11)

那么，从投资者的角度，再保险隐含价格是：

$p_2=\dfrac{C-r}{(1+r)(1+c)}L$　　　　　　(8.2.12)

显然，只要再保险市场价格大于或等于再保险隐含价格，再保险公司就可以正常经营，因为此时：

$(P_1+C)(1+r)\geqslant(P_2+C)(1+c)=L$　　(8.2.13)

也就是说，在再保险保单一开始，再保险公司从再保险市场得到资金和从债券市场筹集资金 C 就足以支付赔款 L。那么 $P_1\geqslant P_2$ 成立吗？事实上，$P_1\geqslant P_2$ 等价于 $q_1\geqslant q_2$，而后者是有意义的。因为虽然理论上巨灾债券违约和巨灾发生是同一事件，但是由于债券投资者和再保险公司在巨灾信息上不对称，所以 q_1 与 q_2 不相等。再保险公司与债券投资者相比，一方面再保险公司对巨灾有关信息了解更多一些，在出售再保险保单时采取了相对保守（厌恶风险）态度，所估计农业巨灾发生概率会高于实际巨灾发生概率；另一方面，投资者对自己的投资行为都持有相对乐观（喜好风险）态度，认为债券违约不会发生，从而所估计债券违约概率会低于实际农业巨灾发生概率。这样一来，再保险公司估计农业巨灾发生的概率高于债券投资者估计农业巨灾债券违约的概率：$q_1\geqslant q_2$。因此，再保险公司通过发行农业巨灾债券的方式积累巨灾资金是可行的。

8.2.5.3　农业巨灾债券的主要优势分析

农业巨灾债券优先其他类型保险证券快速发展的原因，部分的可以归结于债券是保险公司资产结构的重要组成部分。债券自身优势和保险经营特点使保险公司在所有投资工具中对债券有较为明显的偏好。因此，保险公司在进行必要的证券化时自然而然地将农业巨灾债券作为首选[131]。

从再保险公司角度，农业巨灾债券最明显的优势是有效扩大了再保险公司的承保能力。下面仍然以理想化一年期巨灾债券为例来说明这点。

假设市场无风险利率是 r，农业巨灾发生概率是 q，农业巨灾债券单位面值是 1，息票利率是 c，本金和息票均面临风险（仅息票面临风险的情况类似）。只有当一年内没有农业巨灾发生时，一年末才能支付投资者本金和利息共计 $1+c$，那么，投资者期望收益是 $(1+c)(1-q)$。

折现后农业巨灾债券发行价格是 $\dfrac{(1+c)(1-q)}{1+r}$。

具有相同息票利率的直接发行价格是 $\dfrac{1+c}{1+r}$。

假设再保险公司在发行农业巨灾债券的同时购买直接债券，那么交易差价是 $\dfrac{q(1+c)}{1+r}$。

如果农业巨灾不发生，再保险公司的现金流为零，因为它买进了直接债券卖出了农业巨灾债券；如果农业巨灾发生了，再保险公司仍然得到直接债券本金和利息 $1+t$。却不需支付相应的巨灾债券，这相当于再保险公司以 $\dfrac{q(1+C)}{1+r}$ 的价格购买了一年期再保险保单，期限内农业巨灾发生则获得赔付 c。

当农业巨灾发生概率 q 趋向于零时，再保险公司承保能力增长幅度与付出成本之差 $\dfrac{C}{1+r}-\dfrac{q(1+c)}{1+r}=\dfrac{C-qc-q}{1+r}$ 趋向于 c。由于农业巨灾是极小概率事件，q 在零附近变动，因此，再保险公司承保能力增长幅度大于成本，再保险公司通过发行农业巨灾债券确实提高了承保能力。

从投资者角度，农业巨灾债券改善了投资机会，分散了投资风险。农业巨灾债券的违约风险与金融市场变化没有关系。统计资料表明农业巨灾债券等保险证券的收益与其他类型的债券收益和股票收益的相关系数分别是 - 0.02 到 - 0.03，所以在统计上保险联结证券收益与现存的股票和债券收益的相关系数几乎是零。那么，对于包含保险证券的投资组合与不包含保险联结证券的投资组合，前者有效投资边界位于后者有效边界的上方。给定风险水平时，前者的收益高于后者的收益；给定收益时，前者的风险低于后者的风险。因此，农业巨灾债券等保险证券改善投资机会的能力符合现代投资组合理论。根据有关保险证券的报告，农业巨灾债券收益高于同级别公司债券收益3到4个百分点。事实上，对于现存的股票和债券来说，投资组合中一定份额的保险证券起到了与投资无风险资产相同的作用，这就使得投资保险证券具有相对较高的预期收益。

此外，与传统再保险相比，农业巨灾债券等保险证券还具有降低信用风险，提高信用质量，化解对国家风险等作用。但是，对于较为完善的传统再保险市场来说，保险证券属于新兴金融创新工具，目前存在着交易成本偏高，价格竞争力弱，易引发道德风险等问题，其发行量和交易量对再保险费率依赖性很强，易受再保险市场供需影响。但是作为再保险有力补充、随着保险市场与资本市场不断融合，此类交易标准化、监管和税收等法律规则逐渐明晰，尤其是农业巨灾债券等巨灾风险证券化正在逐步得到保险市场和资本市场普遍认可，从而形成一个独立市场。

8.2.5.4　中国巨灾保险债券参与主体的设想

从图8-4所示的巨灾债券运作模型中我们可以看出，保险业务分出公司、债券发行人（SPV）和债券投资者构成了不可或缺的三大参与主体，如何选择这三大主体对于中国农业巨灾债券能否成功运作举足轻重，参照国际做法并结合我国具体情况，拟作如下选择：

（1）农业巨灾保险业务分出公司

农业巨灾保险业务分出公司也就是农业巨灾保险的直接承保公司，需对农业巨灾风险承担一定的自留额，因此需具备较强的资金实力。此外，农业巨灾保险的风险测算、费率厘定和核损理赔均非常复杂，承保公司需具备较强的承保和理赔技术。鉴于农业巨灾保险的特殊性和复杂性，在我国尚处于农业巨灾保险发展的起步阶段，认为农业巨灾债券运作模式中的农业巨灾保险业务分出公司的角色应由中国农业金融总公司担任，防止实力较弱的中小型保险公司因农业巨灾事件发生而遭受灭顶之灾。

（2）巨灾债券发行人（SPV）

就国际上巨灾债券的发行者来看，再保险公司占到58%，保险公司占到36%，其他公司仅为6%。就中国情况而言，1996年，中国人保成立了中保再保险有限公司。1999年，中国再保险公司在中保再保险有限公司的基础上组建成立，成为中国唯一一家专业再保险公司。2003年，中国再保险公司完成股份制改革，成立再保险集团，产权结构得以完善，资产规模得以壮大。因此，从市场选择来看，中国再保险公司应为农业巨灾债券模型中SPV的理想人选。另一方面，从自身发展需要来说，中国再保险公司也应乐于担当这一角色。在过去的几年里，中国再保险公司的主要业务为法定再分保，2002年中国再保险公司实现分保费收入191.78亿元，其中法定业务实现分保费收入179.12亿元，占总分保费收入比例为93.4%，但是根据中国加入WTO的承诺，自入世一年后，每年减少法定分保5个百分点，到2006年法定分保将完全取消。中国再保险的业务发展面临很大挑战，研究市场需求，开发新的增长点成为中国再保险的当务之急。借鉴国外经验，再保险公司在衍生性保险中大有可为，中国再保险在该领域有着很大的发展潜力，正如中国再保险集团公司总经理戴凤举在"2004

北京国际金融论坛"中强调的那样，要"加大再保险产品的创新力度，探索衍生性再保险方式，不断提高再保险对直接保险的技术支持力度"，同时也为其自身发展谋求新的出路。

（3）农业巨灾保险债券的投资者

由于农业巨灾债券涉及保险与资本两个市场，其收益决定因素与投资者所熟悉的其他投资产品大不相同。因此，在该类产品初创阶段，个人投资者的接受程度较低，而专业研发能力较强的机构投资者将成为该产品的投资主体。1997 年 12 月东京海上所发行的巨灾债券的投资者结构（见图 8 - 5）。

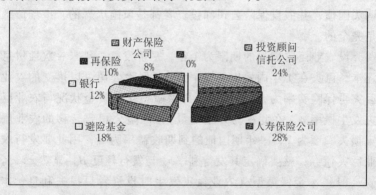

图 8 - 5　东京海上巨灾债券的投资者结构（1997. 12）

就中国证券市场而言，目前可能参与农业巨灾债券投资的机构投资者主要有四个：社保基金、保险资金、证券投资基金和合格境外机构投资者（QFII）。前三者为国内资金来源，其共同特点是资金规模较大，且正在积极寻找多种投资渠道来分散投资风险，农业巨灾债券与资本市场的风险关联度极低，是进行投资组合的理想选择。合格境外机构投资者目前虽然资金规模和机构数量还比较有限，但随着中国资本市场的逐步开放，可以预见，将有越来越多的境外投资机构参与到中国这片潜力巨大的市场中来。QFII 投资巨灾债券的主要优势在于对该投资产品并不陌生，能充分认识到巨灾债券本身风险不大但预期收益却比同级别债券高。

8.2.5.5　农业巨灾债券发行利率的确定

农业巨灾债券的种类较多，对于结构复杂的债券，确定其发行利率也相应比较困难，这里只对本金保障型和本金没收型农业巨灾债券的发行利率确定原理作简要介绍。

不考虑 SPV 作为中介因素，先假设保险公司直接面向投资者发行农业巨灾债券，然后把发行农业巨灾债券的本金收入用于购买国债，并假设保险公司和投资者都是风险厌恶的，市场信息是完全的。

设农业巨灾债券的期限为 1 年，平价发行，年末一次性付息还本，巨灾在 1 年内发生的概率为 α，保险公司可以接受的农业巨灾再保险费率为 β（β 决定于再保险市场的资金状况与农业巨灾发生概率 α，在此视为外生变量），保险公司要转移的农业巨灾损失额度为 T，一年期国债的到期收益率为 r_0，因此要发行农业巨灾债券，就要确定其发行利率 r_0 与发行额度 B，显然 $r > r_0$。

（1）本金保障型（农业巨灾发生时投资者只损失利息，本金不损失。）

农业巨灾发生时，保险公司不需支付利息给投资者，可以用购买国债的利息 B 来弥补农业巨灾损失 T，因此有：

$$T = Br_0 \qquad\qquad (8.2.14)$$

农业巨灾不发生时，保险公司在发行农业巨灾债券和购买国债上的净损失为 $B(r-r)$，再考虑到货币的时间价值，这部分损失的年初现值为 $B(r-r_0) / (1+r)$，该值与保险公司要转移的农业巨灾损失额度为 T 的比值即为保险公司可以接受的再保险费率 β，所以有：

$$\beta = B(r-r) / (1+r_0) T \qquad\qquad (8.2.15)$$

联立（8.2.14）式和（8.2.15）式可得：$B = T/r_0$，$r = \beta r_0 (1 + r_0) + r_0$，此处 r 显然是保险公司愿意承担的最高发行利率。

另外，保险公司是风险厌恶的。意味着保险公司愿意承担的再保险费率大于巨灾发生概率 $\beta > \alpha$；农业巨灾债券投资者是风险厌恶的，意味着农业巨灾债券投资者购买农业巨灾债券的年末现金流现值的期望值大于农业巨灾债券发行时的本金 B，$[B(1 + r)(1 + a) + Ba] / (1 - r_0) > B$，即 $r > r_0 / (1 - a)$，只有满足这个条件，风险厌恶的投资者才会购买巨灾债券。

本金保险型债券现金分析具体见表 8 – 5。

表 8 – 5　　　　　　　　　本金保障型债券现金流分析

	发行农业巨灾债券的现金流		购买国债的现金流
年末	B		$- B$
年初	$1 - \alpha$	α	$B(1 + r_0)$
	$- B(1 + r)$	$- B$	

（2）本金没收型（农业巨灾发生时投资者不仅损失利息，而且会损失全部或部分本金。）

设农业巨灾触发事件发生时投资者年末只能得到本金的 $1 - k$ 倍，$0 < k < 1$。$k = 0$ 时相当于本金保障型债券，$k = 1$ 时说明投资者损失全部本金。

农业巨灾发生时，保险公司不需支付利息给投资者，而且可以扣除部分本金，因此可以用购买国债的利息 Br_0 与免于支付的部分本金来弥补巨灾损失 T，因此有：

$$T = Br_0 + BK \qquad\qquad (8.2.16)$$

农业巨灾不发生时，保险公司在发行巨灾债券和购买国债上的净损失为 $B(r - r_0)$，再考虑到货币的时间价值，这部分损失的年初现值为 $B(r - r_0) / (1 + r_0)$，该值与保险公司要转移的

巨灾损失额度为 T 的比值即为保险公司可以接受的再保险费率 β，所以有：

$$r = B\ (r - r_0)\ /\ (1 + r_0)\ T \qquad\qquad (8.2.17)$$

联立 (8.2.16) 式和 (8.2.17) 式可得：$B = T/\ (r_0 + k)$，$r = \beta\ (r_0 + k)\ (1 + r_0)\ + r_0$，此处的 r 显然是保险公司愿意承担的最高发行利率。

同理，保险公司是风险厌恶的，意味着保险公司愿意承担的再保险费率 β 大于巨灾发生概率 α，即 $\beta > \alpha$；农业巨灾债券投资者是风险厌恶的，意味着农业巨灾债券投资者购买农业巨灾债券的年末现金流现值的期望值大于农业巨灾债券发行时的本金 B，$[B\ (1 + r)\ (1 + \alpha)\ + B\ (1 - K)\ \alpha]\ /\ (1 + r_0)\ > B$，即 $r > (r_0 + k\alpha)\ /\ (1 - \alpha)$，只有满足这个条件，风险厌恶的投资者才会购买农业巨灾债券。

本金没收型债券分析具体见表 8 – 6。

表 8 – 6　　　　　　　　本金没收型债券现金流分析

	发行农业巨灾债券的现金流		购买国债的现金流
年末	B		– B
年初	1 – α	α	B (1 + r₀)
	– B (1 + r)	– B (1 + r₀)	

8.3　农业巨灾保险风险分散管理
技术评价及策略

自有资本、外来资金、再保险和证券化是我国农业巨灾保险风险的四个基本分散管理技术。在实际操作过程中，应该根据我国的具体情况，结合各项技术的特点，进行有效的选择和应用。

8.3.1　农业巨灾保险风险分散管理技术评价

自有资本、外来资金、再保险和证券化等农业巨灾保险风险分散管理技术都有各自的优点和缺点，需要进行具体的分析。

8.3.1.1　自有资本农业巨灾保险风险分散管理技术评价

保险人持有大量自有资本以应付农业巨灾风险的机会成本是很高的，因为这种资本不能投资于高收益的长期国债等产品，而只能投资于变现能力较好相对收益率低的短期国库券等，而且保险人由于以下原因其持有过量资本应付农业巨灾风险是不明智的。

（1）会计准则限制

从财务会计准则来看，若发生农业巨灾损失，保险公司的财务报表应该准确的反映时点上的财务状况，而不是从长期经营的角度去反映年度综合后的财务状况经营好坏。根据财务会计准则关于意外损失的会计操作，即使农业巨灾发生的可能性非常高，保险人还是不能通过资本账户的积累来支付未发生的农业巨灾损失。

（2）税收条款限制

即使说可以通过账户来为将来的农业巨灾积累资本，但由于留存收益和准备金产生的利息均要征税，所以保险人缺乏累积资本应付将来的农业巨灾的动机，不过在一些欧洲国家，已经对用于应付巨灾的专向基金免税，在一定程度上推动了保险人的自我积累以应付巨灾。

（3）面临恶意收购风险

对于上市公司来说，持有大量的现金储备、现金等价物和流动性好的短期资产，很容易成为恶意收购的对象，恶意收购者收购此类公司，然后耗用现金，关闭公司。

（4）导致公司的短视行为

根据代理成本理论，代理人为实现任期内的特殊目的，都有尽可能利用现金的目的，常导致短视行为发生。因此，大量的现金储备的持有也是一种潜在的风险。

8.3.1.2　外来资金农业巨灾保险风险分散管理技术评价

外来资金分散管理技术主要通过财政补贴（包括国家财政的直接补贴和国家财政的间接补贴），以财政为后盾的信贷便利和农业巨灾保险基金等渠道增加农业巨灾保险公司资金实力，能够有效地增强农业巨灾保险公司抵御农业巨灾风险能力。但该技术也存在一定的问题。

（1）政府行为与市场行为的协调问题比较突出

农业巨灾保险应该属于政策性保险，然而，这种以政府为主体的农业巨灾保险体制，难以适应市场经济发展的需要。怎样在政府行为与市场行为间寻求平衡和协调的确是今后农业巨灾保险应该处理好的问题。

（2）国家财政资源的约束

长期以来，我国形成了以国家财政为后盾的农业保险体制，农业巨灾风险大部分由国家财政来承担。这样使得我国财政的压力越来越大。而且，由于农业巨灾风险发生的随机性，使得财政很难临时筹集到用于应付巨额救灾的资金。另外，农业巨灾保险财政资金的大量支出，常常会牵涉到财政赤字。事实上，我国连续多年实施积极的财政政策，财政补贴力度也较为有限。

此外，外来资金农业巨灾保险风险分散管理技术的使用有可能会培养农业巨灾保险公司的惰性，农业巨灾保险基金管理的水平和效益也值得关注。

8.3.1.3　再保险农业巨灾保险风险分散管理技术评价

农业巨灾再保险的确能有效分散特定的农业巨灾风险和农业巨灾保险公司的累积风险。通过相互分保，扩大风险分散面。但该技术的使用也存在一些问题。

（1）信用风险

突然的农业巨灾也可能使再保险人破产，相对于农业巨灾保险风险的证券化，保险人面临着更大的信用风险，如果再保险人破产，所有的损失将由保险人承担。

（2）再保险价格的记忆效应

再保险的价格往往是过去事件的反映，如果发生一次农业巨灾，农业巨灾再保险的价格会马上提高，这样再保险的价格很难反映当前农业巨灾的风险状况，会造成农业巨灾再保险价格的不公平。

（3）再保险人的资本能力不足

尽管再保险的目的本来就是为解决保险人资本能力的不足，但是对于损失额越来越大的我国农业巨灾，农业巨灾再保险市场的资本压力也越来越大了。

（4）再保险的价格昂贵

现阶段的再保险价格已经明显下降了，而且对于现在的巨灾证券的成本来说，再保险是相对廉价的，但从发展的眼光来看，随着证券化市场的发展，标准化的巨灾证券的成本将很快低于再保险。相似的一个例子就是开放式基金和封闭式基金，可以把开放式基金类比为巨灾证券，把封闭式基金类比为再保险，在证券市场，开放式基金价格大于或等于其面值，而封闭式基金有一定的贴水，关键是开放式基金的风险是明确的，在每一时点，风险都能被充分释放，能够被投资者很好的观察和计量，信用风险等可以得到很好的规避。

8.3.1.4　证券化农业巨灾保险风险分散管理技术评价

农业巨灾保险的证券化已经解决了自有资本法和再保险方式的固有缺陷。例如，保险人所面临的信用风险降到了最小；运用巨灾模拟和精算定价理论，农业巨灾保险证券的价格能最好的反映农业巨灾的风险状况的变化，消除了价格的记忆效应；而最为关键的是农业巨灾保险风险的证券化使保险人和再保险人得到了强有力的资本支持，但是现阶段的农业巨灾保险风险证券化依然存在以下弊端。

（1）模型的缺乏依然是农业巨灾保险证券的定价的难题

尽管模型公司，如 RMSI 等已经为巨灾保险证券化产品构建了模型，但是由于技术手段的落后，加上数据的缺乏，农业巨灾保险证券化产品价格的预测现在依然不很准确。

（2）高成本是农业巨灾保险证券化发展缓慢的原因。由于农业巨灾保险证券是一种新的投资工具，现在的利差比同等级的公司证券要大得多，而且农业巨灾保险证券的发行成本也很高，因此农业巨灾证券的价格相对于廉价的再保险的价格是过高的。

（3）不对称的信息是投资者参与动机不强的关键

投资者和农业巨灾保险证券的发行人对农业巨灾风险的信息是不对称的，而且现在的投资者对农业巨灾保险证券很不熟悉，芝加哥交易所 CBOT 的巨灾期权交易量小就说明了这点。

（4）农业巨灾保险证券的内生缺陷

农业巨灾保险证券大多以行业或地区指数定价，因此使用农业巨灾保险证券不能完全对冲自身损失经验上的风险，这是一个基准风险（basis risk），与实际的农业巨灾风险存在一定的差异。

（5）监管和会计准则的滞后削弱了保险人和再保险人进行农业巨灾保险证券化的动因。例如，再保险的支出可以列为成本，但是保险人购买农业巨灾保险证券在会计报表中却只能列为投资，因此，保险人和再保险人都不愿意购买农业巨灾保险证券化产品。

8.3.2　农业巨灾保险风险分散管理技术发展策略

通过上面的分析，可以看到，自有资本、外来资金、再保险和证券化等农业巨灾保险风险分散管理技术均有各自的优点和存在的问题。因此，需要在具体分析的基础上，结合我国法律、政策、财政、保险和农业巨灾等的具体情况，充分考虑我国保险市场和资本市场建设的历史进程，制定相应的发展策略，并对农业巨灾保险风险分散管理技术进行有效的选择和应用（见表 8-7）。

表 8-7　　我国农业巨灾保险风险分散管理技术发展策略

技术类型	策　略	应用
自有资本	稳健发展	加强事前控制，积极滚存农业巨灾风险准备金，提高资本充足率。
外来资金	鼓励发展	以农业巨灾保险基金发展为重点，适当财政扶持，在特殊情况下给予贷款支持。
再保险	积极发展	根据农业巨灾损失划分为三个相互衔接的基本层次：初级巨灾损失的 100% 由参与该机制的保险人和再保险人承担；中级巨灾损失由参与该机制的保险人和再保险人承担 50%，政府承担 50%；高级巨灾损失由政府承担 95%，被保险人承担 5%。
证券化	有条件发展	以农业巨灾债券为突破口，在条件成熟的情况下稳步发展。

第九章 农业巨灾保险制度管理体系

政策性保险是我国农业巨灾保险制度模式的基本选择，在不同的发展阶段，其模式有一定的差异，但在本质上是一致的，那就是以国家支持为主体，为了实现一定的政策目标而设计的制度模式。本章通过对我国农业巨灾保险制度管理体系的探讨，勾画出我国农业巨灾保险制度管理的基本框架，以此推动我国农业巨灾保险制度建设。农业巨灾保险制度管理体系涉及的内容很多，在这里主要讨论以下几个方面的问题。

9.1 农业巨灾保险法律体系构建

农业巨灾保险法律体系的建设和完善是开展农业巨灾保险的基础，为农业巨灾保险提供法律依据，使农业巨灾保险有法可依，依法治理农业巨灾保险[132]。

但现在的问题是我国只有《保险法》以及相关的法律和法规，缺少农业保险和农业巨灾保险的相关法律和法规。在《中华人民共和国保险法》颁布之前，我国开展农业保险试验业务所依据的规则是1985年国务院颁布的《保险企业管理暂行条例》。但是，到1995年，《保险法》颁布实施，该条例废止，农业保险管理办法也一直未制定出来。而《保险法》也依然没有对农业保险做出具体规范。由于农业保险法规缺位，司法没有法律依据，造成农业巨灾保险的试验展业难、收费难、理赔难，业务开展波动较大，举步维艰。

目前，我国农业巨灾保险法律制定的条件基本成熟（庹国柱，2004），但迟迟不能出台，其主要的原因是我国目前农业巨灾保险的制度和体制的基本框架还在讨论之中，争议比较大，农业巨灾保险的问题还比较多。在这种情况下，以"二元化"（农业巨灾保险和一般性农业保险）农业保险体系来构建我国农业保险的基本制度，可以考虑优先出台《农业巨灾保险法》，对一般性农业保险可以适用《保险法》来进行规范和管理。通过《农业巨灾保险法》，其立法的意义远超过一般的商业规范性法律制度，作为一种诱致性的制度变迁，可以明确农业巨灾保险的主体，提供一系列的交易规则，界定人们行为的选择边界，约束人们之间的关系，从而减少不确定性，降低交易费用，分散农业巨灾损失，对整个社会经济制度的运转起到保障作用。《农业巨灾保险法》应该包括以下几个方面的内容。

9.1.1　立法目标

实施农业政策性保险是国家宏观调控政策的重要组成部分，是国家调节农村经济的重要手段之一。因而对农业巨灾保险立法必须依据调控政策的目标和要求，又要从我国国情出发。基于这些原因，我国农业巨灾保险法的立法目标是：以推动农村和农业的发展，保障农民的经济收入稳步增长，而不是把农业巨灾保险（即政策性农业保险）作为农业保护政策和农民社会福利政策为目标[133]。

9.1.2　立法原则

在农业巨灾保险的立法原则上应借鉴《保险法》原则中适合农业巨灾保险的部分内容：如诚实信用原则、保险业务专营原则和本国投保原则等。除此之外，农业巨灾保险立法还应着重体现以下三个原则：（1）总体补偿原则。即以整个社会作为核算单位。农业巨灾保险的开展，应着眼于保护农业、保障国民经济的顺畅运行，着眼于社会效益最大化，而不是追求个人效益最大化或是企业利润最大化。应将农业巨灾保险的政策性亏损计入社会总成本当中，运用社会补偿基金来加以补偿。（2）公共选择原则。鉴于农业巨灾保险社会效益高而自身经济效益低这一特性，农业巨灾保险应在一定程度上借助于公共选择原则对一些关系到国计民生的农业巨灾保险险种实行强制性保险。（3）政府扶持原则。即国家对农业巨灾保险给予经济上、法律上和行政上必要的支持。在经济上，应进一步增加相关投入，建立和完善农业巨灾风险专项基金；在法律法规上尽快制定出台农业巨灾保险法以及相配套的切实可行的法规条例，使农业巨灾保险活动的开展有法可依；在行政手段上则应制定适合我国国情的农业巨灾保险制度并加以有效的监督执行，协商处理好农业巨灾保险与其他各方面的关系。

9.1.3　农业巨灾保险性质

　　农业巨灾保险产品是介于私人物品和公共物品之间的一种准公共产品[134]。分析表明，大多数农业巨灾保险产品尤其是多风险或一切险的农作物保险，不具有私人物品的特征，而具有大部分公共物品的特征。这也是农业巨灾保险的商业性经营在各国失败或发展不起来的主要原因。因为高风险、高损失率和高费率所导致的参与率低、赔付率高、逆向选择等情况使大多数保险公司不赚反赔。事实上，美、加、日等国家的农业巨灾保险也都是政策性的。因此，我国农业巨灾保险法律对农业保险性质定位上也应当是政策性的，这一点毋庸置疑。作为准公共产品的农业巨灾保险，只能采取国家财政支持下的政府经营方式，服务于政府制定的经济和社会政策，全部或大部分经营管理费用由政府拨付，免征一切赋税。

9.1.4　组织制度安排

农业巨灾保险的组织形式主要是建立政策性农业巨灾保险公司制。政策性农业巨灾保险公司制是在国家宏观调控政策指导下，以《农业巨灾保险法》为活动原则，来推动农业发展的一项重要制度。

我国政策性农业巨灾保险公司的组织体系（具体见下文）应为在原中国农业发展银行的基础上组建中国农业金融总公司，在各省（自治区、直辖市）设立二级分公司，在地（市）设立三级分公司，在县（市）设立四级分公司。由县（市）分公司委托保险公司［含商业保险公司、外资（或合资）保险公司、农业保险合作社和农业相互保险公司］经营农业巨灾保险。在有能力和条件的地方，县（市）分公司也可以直接经营农业巨灾保险业务。

9.1.5　保险产品

农业巨灾保险应该采取强制性与自愿性相结合的方式。这里把农业巨灾保险划分为基本巨灾保险与非基本巨灾保险。基本巨灾保险主要是对涉及国计民生的农业巨灾保险产品实行强制性保险。主要对农区的小麦、水稻、大豆、玉米等农作物和棉花、油菜等经济作物，牧区的牛、羊等牲畜，水产养殖区的鱼和虾等实行强制保险，以稳定农民收入和农村经济发展。

非基本巨灾保险是对我国的一些特殊农产品可以实行自愿性的农业巨灾保险。此外，还可以依据各地实际情况和农民对风险的偏好程度，提供单独险或附加险的农业巨灾保险产品，以满足部分农业生产者追求高风险保障的需要，这样自愿参加者就可获得巨灾农业保险高额的赔偿。

9.1.6 风险管理

农业巨灾保险的特殊性决定了农业巨灾的风险管理的特别重要性。在《农业巨灾保险法》中，应该对农业巨灾保险的风险管理进行特别的规定。可以采取行政和市场的相结合的方式来进行农业巨灾风险管理。

行政方式主要有：中央和地方财政专项款项；中央和地方的农业基本建设专项中的部分划拨款项；社会各界募捐的救灾支农款项中部分划拨款项；扶贫款项中的部分划拨款项；银行专项贷款；保费补贴和税收返还等。

市场方式主要有：农业巨灾再保险；农业巨灾基金；农业巨灾保险债券；农业巨灾保险证券化等。

9.1.7 投保方式

《农业巨灾保险法》应该规定的投保方式是合同形式。应当包括以下条款：保险人（保险公司）名称和住所；投保人的名称和住所；保险标的；保险责任和责任负责；保险期限和保险责任开始时间；保险费的支付办法；保险金的给付办法；违约责任；订立合同的日期。合同签订后，应到公证机构办理公证手续，以确保合同的履行，使农民的经济利益得到可靠的保证。

9.2 农业巨灾保险组织管理体系构建

诺斯认为制度就是一种规范人们行为的规则。新制度经济学认为，一个节省交易成本的制度安排、制度框架和制度创新的空间是至关重要的。一个国家的基础制度安排、制度结构、制度框架、制度环境和制度走向决定了它的经济绩效。在农业巨灾保险领域也是同样如此，在分析国外开办农业巨灾保险的成功经验时，无一例外的发现，它们都建立了与本国情况相适应的制度安排作为实施农业保险的前提和保障。因此，我国在建立农业巨灾保险的组织管理体系时，也应该未雨绸缪，寻求一种合理的制度安排，最大限度地减少和消除制度变迁的成本。

　　初步的设想是在原中国农业发展银行的基础上，组建中国农村金融总公司，采用国家控股公司的经营模式①。主要经营政策性农业贷款和农业巨灾保险业务。下设省（自治区、直辖市）、地（市）和县（市）三级分支机构（见图9-1）。

9.2.1　中国农业金融总公司的性质

　　中国农业金融总公司属于国有控股公司的性质。国有控股公司是国有控股性质的国家授权投资机构，是经国有资产管理机构批准和授权，对其授权范围内的国有资本行使出资者所有权，主要以控股方式从事资本经营活动并对国有资产的安全和增值负责，经登记注册的特殊企业法人[135]。

　　根据划分标准的不同，可从不同的角度对国有控股公司进行分类（见表9-1）。结合原中国农业发展银行和农业巨灾保险的实际情况，中国农业金融总公司应该构建成为股份制控股公司。

　　股份控股公司具有以下主要特征：（1）国有股份控股公司是经授权批准设立的；（2）具有相当的经济规模；（3）是以资

---

　　①　控股公司的英文名称为 Holding Company，即"持股公司"、"股权公司"。国内理论界关于控股公司概念的表述很多，而且不尽相同，但其根本要义可以概括为：（1）控股公司是主要从事产权运作的一种现代企业组织形式。（2）控股公司对持股公司的控制，主要是基于对持股公司股权的占有，控股公司本身存在和运作的根本目的不是为了控制和支配子公司，而是通过资本控制实现自身资本的增值，是一个专门或主要从事资本营运的经济单位。（3）控股公司对子公司的控制力，主要表现在对所持股公司重大经营决策和人事、收益管理等一些重大事项的实际决定权上，其内容具有严格的法律界定。

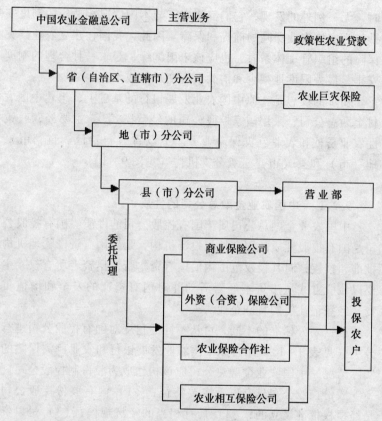

图9-1　中国农村金融总公司组织结构图

产为纽带的企业（集团）群体；（4）普遍实行多元化经营；
（5）具有较强的筹资、融资能力和抗击市场波动能力[136]。

　　由于具有这些特征，国有股份控股公司这一独特的组织形
式，具有其他形态公司不具有的优点：（1）能够大量节约企业
规模扩张、集团化所必需的资金；（2）企业之间依据资本纽带
容易形成牢固的结合关系；（3）可以形成规模经济效益，发挥

协同优势，提高竞争力；（4）控股公司可以避免政府对企业过多的行政干预；（5）可以集中高层次的专门人才，通过专业化管理提高国有资产的运营效率[137]。

表 9 - 1　　　　　　　　　国有控股公司的分类

划分标准	类　型
经营内容	1. 纯粹控股公司；2. 混合控股公司
行业范围	1. 综合性控股公司；2. 专业性（或行业性）控股公司
产权经营地区范围	1. 地区性控股公司；2. 国内控股公司；3. 跨国控股公司
自身股权构成	1. 国有独资的控股公司；2. 股份制控股公司。
职能作用和形成原因	1. 管理型国有控股公司；2. 投资性国有控股公司；3. 经营性国有控股公司

资料来源：根据张晓峰的"国有投资控股公司组织结构设计"（学位论文）等相关资料整理。

这样看来，中国农业金融总公司是专门从事政策性农业贷款和农业巨灾保险的独立的法人实体，实行一级法人制度，按照行政区划设置三级分支机构，自成系统，垂直管理。在行政上隶属国务院，由国资委直接管理。具体来说，其组织体系可分为四个层次，其主要职责执行国家产业政策，并根据企业发展战略，运用占用的资产，自主经营、自负盈亏，并按董事会制定的目标，具体承担国有资产保值增值的责任。

9.2.2　中国农业金融总公司的资金来源

中国农业金融总公司除了全部接受原来中国农业发展银行的资产外，还要从以下几个渠道筹措资金：（1）国家财政农业巨灾保险专项资金；（2）地方财政农业巨灾保险专项资金；（3）接受原来国家财政预算安排的农业保险专项资金和补贴；（4）民政部用于自然灾害救济的部分经费；（5）国家专项扶贫款的部分资金；（6）政策性农业贷款收入；（7）吸收社会（含外资）资金；（8）其他资金等。

9.2.3　中国农业金融总公司的主管部门

一是资产管理。主张中国农业金融总公司的资产管理应该隶属于国有资产监督管理委员会以下简称"国资委"。国资委是受政府委托统一管理属于国有资产的特殊法定机构，代表政府专门行使国有资产出资人职责，以资本为纽带，理顺出资关系，进行产权管理。国资委履行政府的社会公共管理职能，从而基本实现政府经济、社会管理职能与国有资本所有者职能的分离。国资委不干预企业的经营自主权，它与国有股份控股公司之间是规范的委托——代理关系，是出资人与受托人之间的关系。按照权利、义务和责任相统一，管资产和管人、管事相结合的原则，国资委的主要职责是：（1）依照《公司法》等法律、法规，对所出资企业履行出资人职责，指导推进国有及国有股份控股企业改革和重组；（2）制定国有资产营运战略方针、结构调整方向和投资发展规划，编制国有资产经营预算，审批国有控股公司的重大经营事项，如重大股权变更（公司的设立、分立、合并、变更等）、重大投资活动、利润分配方案；（3）考核国有股份控股公司的营运业绩，对其价值创造活动进行监控，对所监管的国有资产的保值增值情况进行监管；（4）依照法定程序任命国有控股公司的董事、董事长，向监管的国有股份控股公司派出监事会或财务总监；（5）决定国有股份控股公司经营管理者的薪酬；（6）收取国有股份控股公司收益和产权出售收入，等等。

二是业务管理。中国农业金融总公司的主要业务是政策性农业贷款和农业巨灾保险，所以，其业务主要的归口主管部门应该是中国证券监督管理委员会和中国保险监督管理委员会。

9.2.4　中国农业金融总公司内部机构设置

9.2.4.1　中国农业金融总公司总部内部机构设置

中国农业金融总公司是由国家控股设立的特殊企业法人，在国资委的监管下代表国家行使国有资产所有者权利，执行国家产业政策，从事产权经营和资本运作。股份控股公司设立股东大会，建立由董事会、监事会和经理层组成的公司领导体制。政府对国有股份控股公司的决策管理通过委派政府代表进入董事会、监事会及担任高层管理人员进行。政府部门除行使一般社会行政管理职能外，不直接干预国有股份控股公司的日常经营活动。

各个职能部门的设置要比较充分地考虑到公司的性质和经营的业务特点，主张采用事业部的性质来进行内部的机构设置（见图9－2）。除了设立一般的职能部门外，突出政策性农业银行部和农业巨灾保险部。在这两个部门下面根据业务的开展情况，可以考虑设置下级部门，从而构建比较科学和完善的内部法人治理结构。

9.2.4.2　中国农业金融总公司分公司内部机构设置

中国农业金融总公司一级、二级分公司的内部机构设置应该采取区域化的组织设计模式（见图9－3和图9－4）。以陕西省为例，中国农业金融总公司陕西分公司的内部组织结构按职能部门进行设计，下设办公室、计划财务部、稽核监察部、市场开发部、银行业务部、农业巨灾保险部、客户服务部和总务部等职能部门。

下属机构的设置按区域进行规划，在全省10个地（市）分别设立二级分公司。地（市）的二级机构内部组织设置与一级机构的设置一致，业务实行部门归口管理。

三级分公司是总公司的基层单位，直接负责公司的业务经营

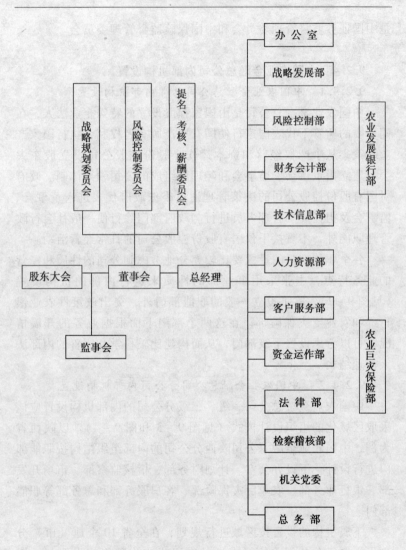

图9-2　中国农业金融总公司总部内部机构设置示意图

活动，所以，在内部机构设置上应该以业务部门进行组织机构的设置（见图9-5）。银行业务由自己经营，农业巨灾保险业务一般进行业务委托，将其业务委托给保险公司代理。但在有条件的地方，三级分公司也可以自己设立营业部，直接经营农业巨灾保险业务。

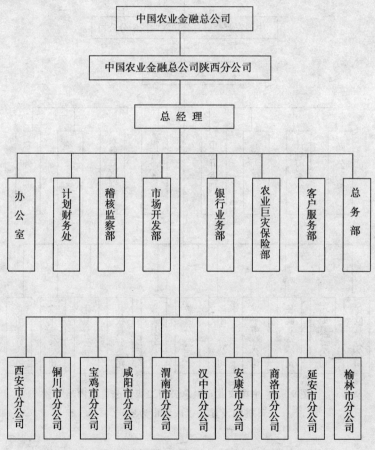

图9-3　中国农业金融总公司一级分公司的内
部机构设置（以陕西省为例）

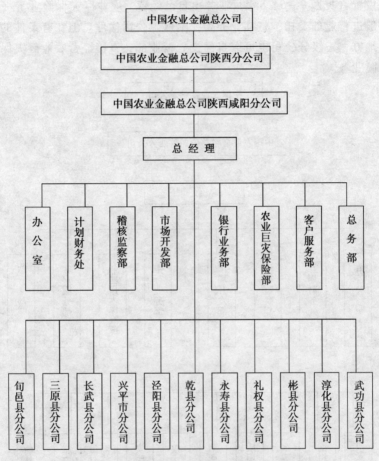

图 9 - 4　中国农业金融总公司二级分公司的内部
机构设置（以咸阳市为例）

9.2.5　中国农业金融总公司内部职能分工

中国农业金融总公司实行的是总公司下属三级分公司的管理
模式。总公司及各级分公司都有自己的管理职能和权限（这里

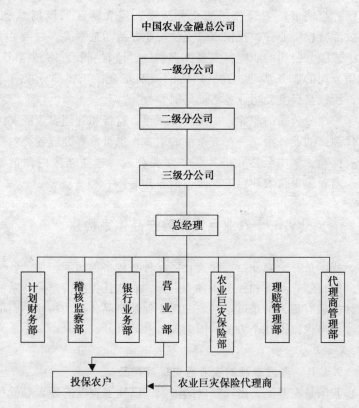

图 9-5　中国农业金融总公司三级分公司的内部机构设置

主要讨论的是农业巨灾保险管理职能）。

总公司的职能：主要负责执行国家农业巨灾保险产业政策；拟定农业巨灾保险基本条款和保险费率；领导、监督和管理全国分公司的业务活动；进行全公司的人力资源管理；开展投资业务；建立全国性的调剂基金；根据国家授权，代表国家参加有关农业巨灾保险业务的国际活动；授权省级分公司业务活动范围等。

一级分公司的职能：主要负责领导、监督和管理本省（自治区、直辖市）下属公司的业务活动；建立辖区的调剂基金；开展部分投资业务；授权市级支公司业务活动范围等。

二级分公司的职能：主要负责领导、监督和管理本地（市）下属公司的业务活动；建立辖区的调剂基金；开展部分投资业务；授权县级支公司业务活动范围等。

三级分公司的职能：主要负责领导、监督和管理农业巨灾保险代理商的业务活动。在有条件的地方，也可负责办理各类农业巨灾保险；集中全县（市）各乡保费收入，建立辖区内调剂基金。向农民提供农业巨灾保险咨询服务等。

9.3　　农业巨灾保险产品体系构建

我国是一个农业巨灾频繁且巨灾种类较多的国家，加上各个地区的自然、经济和社会条件不一样，农业巨灾保险产品体系的设计的确有很大的难度。在农业巨灾保险产品体系的构建中，应该综合考虑以下几个方面的因素。

9.3.1　　开发单独的农业巨灾保险产品

我国是农业巨灾比较频繁的国家，以往一直没有设置独立的巨灾险，一方面导致农业保险公司赔付率高、保费高，造成农业保险公司经营困难；另一方面由于农户购买能力有限，农户得不到必要的基本生产保障。因此，建议单独设置巨灾保险产品，并将其作为政策性农业保险的主要内容。但鉴于农业巨灾保险产品设计、操作和管理，特别是理赔的复杂性，建议实行"一切险"，这样可以在一定程度上降低农业巨灾保险的运作难度和成本。

9.3.2　　农业巨灾保险产品的选择

由于我国目前财力和人力等资源的限制，农业巨灾保险产品还不能也没有必要涵盖所有的农业产品。农业巨灾保险产品主要是涵盖到涉及国计民生的主要农作物、畜产品和水产品。包括小麦、水稻、大豆、玉米等农作物和棉花、油菜等经济作物，牛、羊、马等畜产品，鱼和虾等水产品，对其实行农业巨灾保险，以保障农民的基本生活和生产，稳定农民收入和促进农村经济发展。

9.3.3　以区域为基本单位开发农业巨灾保险产品

以区域为基本单位开发农业巨灾保险产品是目前比较现实和可行的选择：一是可以根据我国各地区农业自然条件差异较大的情况设置不同的保费和赔付水平；二是有利于避免按户理赔情况下的道德风险问题，也可简化赔付额计算等实际操作程序。区域化保险范围的划分可根据当地行政区划与农业自然巨灾区域分布特点相结合确定。例如在农业自然巨灾区域差异不大的地方，可以县为单位实行区域化保险；在农业自然巨灾区域差异较大的地方，可以以乡为单位实行区域化保险，从而有利于根据实际情况选择不同的保费水平。

综合考虑以上三个方面的因素，我国农业巨灾保险产品体系构建的基本思路就明确了（见表9－2）。

表9－2　　　　　　我国农业巨灾保险产品体系

区　域	农业类型	农业巨灾保险产品
农区	种植业	小麦、水稻、大豆、玉米、棉花和油菜等农作物种植业巨灾单一农作物一切险①
	养殖业	生猪、牛（含奶牛）和家禽等养殖业巨灾死亡保险

---

①　一切险是以种植面积的产量为对投保农民的担保。担保产量与实际产量出现了差额，保户就会得到这一差额。一切险可以分为单一农作物保险和综合农作物保险。所谓综合农作物保险是指农作物不是按品种独立保险的，而是合在一起作为一个保险单位，只有在综合的收获量低于保险保障的水平时，才给予赔付。

续表

区　域	农业类型	农业巨灾保险产品
牧区和半牧区	种植业	小麦、玉米和棉花等农作物种植业巨灾单一农作物一切险
	养殖业	牛（含奶牛）、马和羊养殖业巨灾单一牲畜死亡保险
水产区	水产业	鱼和虾水产业巨灾单一水产品一切险

9.4　　农业巨灾保险触发条件

农业巨灾保险触发条件（trigger condition）的确定是国家农业巨灾的管理体制、管理方法和手段等建设的依据，更是农业巨灾保险公司确定保险理赔责任的依据，同时也是农户获得农业巨灾赔偿的基本条件。

从理论上讲，在国家资源有限的情况下，农业巨灾保险触发条件应该是以保障农民的基本生产和生活为底线，在发生农业巨灾的情况下，农民的农业损失通过农业巨灾保险的赔偿，可以满足其基本的生产和生活，不会危及到农民的生存问题。

但在实际操作的过程中，由于我国幅员辽阔，各地的自然状况和经济条件差异非常大，即使在同一区域，农户之间的差异也是非常明显。另外，农业巨灾对农业的损失情况也不尽相同，所以，农业巨灾保险触发条件是非常困难的。

为了方便操作，便于管理，主张把农业巨灾保险触发条件定为损失的50%，可以按产量（或收入）进行计算，这样就可以给农民的生产和生活提供基本保障。只有当农户的农业巨灾损失超过其产量（或收入）的50%时，农业巨灾保险公司才给予赔偿。低于50%的损失由农户自己承担，其超过部分由农业巨灾保险公司给予100%的赔偿，也可以考虑实行差额递进的赔偿方式。

9.5　农业巨灾保险保费补贴

中国农业金融总公司开始运作，保费补贴这个问题就该提到议事日程上了，这是基于农业巨灾保险的政策性和经营农业巨灾保险的特点决定的。

从现在公开可得到的信息来看，我国政府迄今并没有正式承诺给予农业保险补贴，似乎是准备走"以险补险"的路子，也就是准许这些被批准经营农业保险的公司在经营政策性农业保险业务的同时，也允许他们经营农村的其他财产和（或）人身保险业务，以这些商业性保险项目或险种的赢利自我补贴政策性农业保险[113]。但问题是中国农业金融总公司是按照专业农业巨灾保险公司的思路进行设计的，至少在发展的初期不会去经营其他农村保险业务。在这种情况下，政府的保费补贴就必须得到有效的解决。

9.5.1　补贴标准

政策性农业巨灾保险的财政补贴分两块，一块是保费补贴，另一块是管理费补贴。保险费补贴额和补贴率主要取决于纯保险费率、保险保障水平高低、政府的政策目标和财力、农民对保险产品的接受或购买能力。一般来说，保险产品的纯费率越高补贴越多，纯费率越低补贴越少；保险项目或产品的保障水平越高补贴率越低，保障水平越低补贴率越高；在政府的发展计划中，保险标的越重要或保险的政策目标越高又有财力，补贴也就越多，相反补贴就少；农民投保愿望越强烈又有支付能力的保险产品其补贴就少，相反补贴就多。美国、日本等国都是这样设计和实施的。

　　管理费补贴有的国家是全补，有的国家补贴一部分。从我国目前的情况来看，由于农业巨灾公司承担着国家的特殊使命，应该全部由国家买单，当然，在农业巨灾保险公司有了一定的积累以后，国家可以考虑逐步减少管理费补贴的数额，目前管理费补贴的数额可以按纯保费的20%计算。

　　保费补贴的多少是不可能随心所欲的，要在政府补贴与农民愿意参与（在自愿投保条件下）之间寻求平衡是一个经济学问题。墨西哥的专家们曾经研究过该国的农业保险补贴问题，结果显示，在自愿投保的条件下，保费补贴低于40%，农民是不愿意参加的。当然，各个国家的情况不同，补贴数额、比例有很大差异。就目前所收集到的信息，日本的平均补贴率补贴额都很高；美国在60多年中补贴率是不断提高的，现在也接近日本的水平，许多险种的保费补贴超过50%；法国的政策性农业保险保费的补贴比例也高达50%—80%。

　　我国农业巨灾的保费补贴可以参照国外的基本数据，结合我国的实际情况，根据不同地区的经济发展状况和农民的富裕程度，考虑实行差额保费补贴（见表9-3）。东部发达地区的农业巨灾保费补贴比例要比中部地区和西部地区的农业巨灾保费补贴比例低。

表9-3　　　　　　　我国农业巨灾保费补贴比例表

区　域	东部地区	中部地区	西部地区
农业巨灾保费补贴比例（%）	50	60	70
农民负担保费比例（%）	50	40	30

9.5.2　补贴对象

　　由于中央建立了政策性农业巨灾保险公司——中国农业金融总公司，这个问题似乎并不复杂，由中央和地方财政直接划转给中国农业金融总公司，这样就避免了在保费补贴给农民过程中出现的挤占、挪用，甚至侵吞补贴款和补贴款不到位等问题。

9.6　农业巨灾保险支持体系构建

任何一个制度都是系统工程，需要方方面面的支持。构建我国农业巨灾保险体系也同样如此。

9.6.1　农民风险和保险意识的培育

对于大多数农民来说，习惯了"靠天吃饭"，等待老天爷的恩赐，抱着侥幸等待和观望的心理，风险意识差。另外，我国农民投保意识不强，普遍认为保费是一项额外的支出，就是不愿意交这笔"莫名其妙"的钱。一旦巨灾发生，就等待着政府的救济，这样长期就形成了一种心理惰性。

为此，一方面，要加强农民的风险意识，认识到农业是个现实和潜在风险巨大的产业，受自然条件的影响巨大，随时有发生损失的可能。另一方面，在积极进行农业巨灾风险预测和防范的同时，选择合理有效的避险工具。要加强农民的投保意识，就要从正面加大宣传力度，关键一点是要让投保人真正获益。此外，要向农业巨灾被保险人提供知识和技术方面的支持。不以赢利为目的，应该无偿地为前者提供知识和技术方面的支持，帮助调解、仲裁保险人与投保人之间发生的纠纷，并通过这种方式的服务，帮助保险人降低经营成本，提高服务质量，同时又能增强投保人的信心。

9.6.2　地方政府的支持与合作

从根本上讲，农业巨灾保险与地方政府的整体和长远利益是一致的。农业巨灾保险公司与地方政府的合作是双赢的。但有时候地方政府的局部和短期利益与农业巨灾保险公司产生一定的冲突和矛盾。另外，由于农业巨灾保险公司资源有限，农业巨灾保险需要面对广大的农民和广袤的地区，农业巨灾保险事务离不开地方政府的支持和合作。具体体现在以下几个方面：一是地方政府的财政支持；二是地方政府在巨灾保险产品定价、保费厘定等方面的支持；三是在巨灾保险理赔方面的支持，此外，在用地、用人和水、电等方面也需要地方政府的支持。

9.6.3　金融市场的发展与完善

农业巨灾保险的发展特别是农业巨灾保险的风险管理离不开金融市场的发展与完善。金融市场为农业巨灾保险和再保险提供着资金来源，同时，农业巨灾保险基金、债券和农业巨灾保险证券化都需要金融市场的支持。为此，我们在规范金融市场的同时，积极健康地发展我国债券市场、证券市场和期货市场，为我国农业巨灾保险提供多样化的风险管理手段和方法，有效地规避农业巨灾保险市场风险。

9.6.4　合格的农业巨灾保险人力资源

我国农业巨灾保险业务的发展，离不开相关农业保险人才的成长。农业保险人才是发展我国农业保险的关键。政府和保险公司应该通过各种渠道、各种途径培养农业保险人才，为我国农业保险的持续发展提供保障。

农业保险对象是有生命的农作物，要求农业保险从业人员要具有丰富的保险技术知识和农业经济管理的相关知识，而且还要了解农业生产的各个环节（包括播种、施肥、灌溉、收获、农业灾害防治和救济等）、农作物生长特性和对农户有相当的了解。只有基本具备这些知识，才有可能胜任基层的农业保险相关的展业、核保和理赔等业务。同时，还需要一批从事农业保险经营管理和研究工作的中、高层农业保险从业人员，以指导基层农业保险工作者提高其业务水平，保证我国农业保险的健康发展。

一段时间以来，我国农业保险的相关从业人员基本都是从其他保险业务上转项而来或者是以前纯粹的农业技术人员，缺乏专门的农业保险人才。到目前为止，我国仍然没有专门的农业保险人才的培育机构。这可能是因为以下几个原因：首先，我国农业保险的发展目前处于停滞阶段，农业保险在我国保险市场所占比例很小；其次是现阶段我国的农业保险事业对人才缺乏吸引力，社会上传统的对农业相关工作的轻视的思想仍然广泛存在；最后，我国农业保险长期以来作为保险公司经营其他保险业务的一个陪衬，得不到保险管理机构和相关保险公司的重视。

我国是一个农业大国，农业巨灾保险的优势是农业生产和农村经济稳定强大的保障，我们要采取学历教育与职业培训等多种途径加快农业巨灾保险人才的培养，同时，充分利用现代化的人力资源管理手段和方法，借鉴国外（或地区）的经验（如"香港雇员援助计划"）[138]。开展人力资源外包战略（邓国取，2005），引入人才竞争机制，实行激励薪酬制度，最大限度地发挥人才的潜能（见图9-6）[139]。

9.6.5　有效的监督与管理

任何制度的运行都是有成本的，农业巨灾保险制度也不例外。问题是怎样把成本控制在合理和可以接受的范围内。除了农业巨灾保险制度本身的规范与约束外，外部的监督与管理也是必不可少的。

从目前我国保险业的管理体制来看，行政上归口国务院管理，由国资委来进行具体的管理。在业务上我国的农业巨灾保险

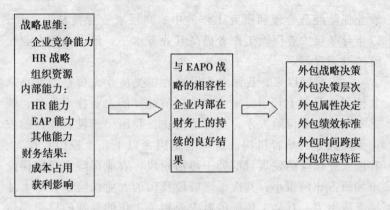

图 9 - 6　EAPO 外包战略取舍问题分析模型①

公司无疑主要是由保监会进行的监督。监管部门要在农业巨灾保险公司政策性保险和保障投保人以及被保险人利益之间实现动态平衡，力求兼顾二者的利益。监管部门最根本的任务是促进农业巨灾保险作为政府的政策工具实现其政策目标。当然，农业巨灾保险公司是新出现的事物，需要我们在监督方法和手段上进行不断创新，加强同其他部分的分工与协作，以适应不断变化的情况。

---

① 资料来源：邓国取："雇员援助计划外包（EAPO）战略研究"，《生产力研究》，2005（12）。

参考文献

[1] 张晓琴："巨灾风险债券及其在我国的运用研究"，《四川大学硕士学位论文》，2005。

[2] 许飞琼："论我国的农业灾害损失与农业政策保险"，《中国软科学》，2002（9）：8—12。

[3] 古文洪："台风灾害凸显农险'两难'"，《中华工商时报》，2005—10—9。

[4] 吴定富："科学规划保险业发展蓝图"，《中国金融》，2006—1—21。

[5] 栾存存："巨灾风险的保险研究与应对策略综述"，《经济学动态》，2003（8）：64—69。

[6] Epstein. R. A., Catastrophic Responses to Catastrophic Risks [J]. Journal of Risk and Uncertainty, 1996（12）：287—308.

[7] Yuri M. Ermoliev etc., A System Approach to Management of Catastrophic Risk [J]. European Journal of Operational Research, 2000（122）：460—475.

[8] J. David Cummins etc, Can Insurers Pay for the "Big One"? Measuring the Capacity of the Insurance Market to Respond to Catastrophic Losses [J]. European Journal of Operational Research, 2000（122）：452—460.

[9] Keping Chen etc, Defining Area at Risk and Its Effect in

Catastrophe Loss Estimation: a Dasymetric Mapping Approach [J]. Applied Geography, 2004 (24): 97—117.

[10] David Cummins etc. , The Basis Risk of Catastrophic - Loss Index Securities [J]. Journal of Financial Economics, 2004 (71): 77—111.

[11] Ahsan, S. M. , Ali. A. , Kurian. K. , Toward a Theory of Agricultural insurance [J]. American Journal of Agricultural Economics, 1982 (64): 520—529.

[12] Andersen, Torben, Tim Bollerslev. Answering the Skeptics: Yes, Standard Volatility Models do Provide Accurate Forecasts [J]. International Economic Review, 1998 (39): 885—905.

[13] Antle, J. M, C. C. , Crissman. Risk, Efficiency, and the Adoption of Modern Crop Varieties: Evidence from the Philippines [J]. Economic Development and Cultural Change, 1990 (38): 517—537.

[14] Antle, J. M. , W J. Goodger. Measuring Stochastic Technology: The Case of Tulare Milk Production [J]. American Journal of Agricultural Economics, 1984 (66): 342—350.

[15] Antle, J. M. , Econometric Estimation of Producers Risk Attitudes [J]. American Journal of Agricultural Economics, 1987 (69): 509—22.

[16] Knight, T. O. , K. H. Coble. Survey of U. S. Multiple Peril Crop Insurance Since 1980 [J]. Review of Agricultural Economics, 1997, 19 (1): 128—156.

[17] Miller, S. E. , K. H. Kahlect. Revenue Insurance for Georgia and South Carolina peaches [J]. Journal of Agricultural and Applied Economics, 2000, 32 (1): 123—132.

[18] Robert Cx Chambers, William E. Foster. Participation in

the Farmer – Owned Rese – Rve Program: a Discrete Choice Model [J]. American Journal of Agricultural Economics. 1983 (2): 120—124.

[19] 沈湛:"试论建立我国商业巨灾保险制度",《管理科学》, 2003, 16 (3): 51—54。

[20] 冯玉梅:"巨灾风险与我国保险公司的选择",《上海保险》, 2001 (1): 24—26。

[21] 谢家智、蒲林昌:"保险业巨灾风险管理工具的创新问题研究",《重庆社会科学》, 2003 (6): 22—25。

[22] 中国统计年鉴编委会:《中国统计年鉴》, 中国统计出版社。

[23] 水利部:《中国水利统计年鉴》, 中国统计出版社, 2005。

[24] 中国保险年鉴编委会:《中国保险统计年鉴》, 中国统计出版社。

[25] 李炳圭、薛万里:"我国商业保险公司经营地震巨灾保险的可行性探讨",《保险研究》, 1997 (1): 43—46。

[26] 王和:"对建立我国巨灾保险制度的思考",《中国金融》, 2005 (7): 50—53。

[27] 赵苑达:"论我国地震保险制度的建设",《保险研究》, 2003 (10): 36—38。

[28] 陈玲:"我国巨灾保险制度目标模式初探",《上海金融学报》, 1997, 35 (3): 16—17。

[29] 李悦、王雪峰:"中国保险业应对巨灾风险的经营策略分析",《哈尔滨商业大学学报》(自然科学版), 2003, 19 (5): 535—538。

[30] 孙永贺:"巨灾风险的非传统风险转移方式(ART)在我国地震保险中的运用研究",《东北财经大学博士学位论

文》，2004。

[31] 陈璐："农业保险产品定价的经济学分析及我国实证研究"，《南开经济研究》，2004（4）：100—103。

[32] 姜立新、帅向华、李志强等："地震应急指挥管理信息系统的探讨"，《地震》，2003，23（2）：115—120。

[33] T. L. Murlidharan, Economic consequences of Catastrophes Triggered by Natural Hazards [D]. Degree of dissertation, 2001.

[34] Kimberly A. Zeuli. New Risk – Management Strategies for Agricultural Cooperatives [J]. American Journal of Agricultural Economics. 1999（5）：1234—1239.

[35] Azam, J. P. The Impact of Floods on the Adoption Rate of High – Yielding Rice Varieties in Bangladesh [J]. Agricultural Economics, 1996（13）：179—189.

[36] Beller, Kenneth etc., On Stock Return Seasonality and Conditional Heteroskedasticity [J]. The Journal of Financial Research, 1998, 21（2）：229—246.

[37] Bingfan Ke, H. Holly Wang. An Assessment of Risk Management Strategies for Grain Growers in the Pacific Northwest [J]. Agricultural Finance Review, 2002（62）：117—133.

[38] Bollerslev, Tim. A Conditionally Heteroskedastic Time Series Model of Speculative Prices and Rates of Return [J]. Review of Economics and Statistics, 1987, 69：542—547.

[39] Box, G., D. Pierce. Distribution of Residual Autocorrelations in Autoregressive Moving Average lime Series Models [J]. Journal of the American Statistical Associ – ation, 1970（65）：1509—1526.

[40] Jerry R. Skew. Opportunities for Improved Efficiency in Risk Sharing Using Capital Markets [J]. American Journal of Agri-

cultural Economics, 1999 (5): 1228—1233.

[41] Carlisle Ford Runge, Robert J. myers. Shifting foundations of Agricultural Policy Analysis: Welfare Economics When Risk Markets are Incomplete [J]. American Journal of Agricultural Economics. 1985 (12): 1010—1016.

[42] C. Peter timmer. Farmers and Markets: the Political Economy of Paradigms [J]. American Journal of Agricultural Economics. 1997 (5): 621—627.

[43] Jeffrey R. Stokes, William I. Nayda, Burton C., The Pricing of Revenue Assurance [J]. American Journal of Agricultural Economics. 1997 (5): 439—451.

[44] Halliday, T., Carruthers, B. The Moral Regulation of Markets: Professions, Privatization and the English Insolvency Act 1986 [J]. Accounting, Organizations and Society, 1996 (21): 371—413.

[45] Higgins, V., Calculating Climate, "Advanced Liberalism" and the Governing of Risk in Australian Drought Policy [J]. Journal of Sociology, 2001 (37): 299—316.

[46] Wilson, G., Business. State and Community: "Responsible Risk Takers", New Labour and the Governance of Corporate Business [J]. Journal of Law and Society, 2000 (27): 151—177.

[47] George Zanjani, Pricing and Capital Allocation in Catastrophe Insurance [J]. Journal of Financial Economics, 2002 (65): 283—305.

[48] 张林源、杨锡金："论有效减灾与自然灾变过程"，《中国地质灾害与防治学报》，1994，5 (4)：19—25。

[49] 汤爱平、谢礼立、陶夏新等："自然灾害的概念、等级"，《自然灾害学报》，1999，8 (3)：61—65。

［50］杨瑞洁："我国巨灾经济损失补偿方式研究"，《东南大学硕士学位论文》，2004。

［51］蒋志娴："巨灾风险的市场化分散机制探讨"，《华东师范大学硕士学位论文》，2004。

［52］王雪梅：《巨灾风险及其分散机制研究》，《西南财经大学硕士学位论文》，2002。

［53］王平："中国农业自然灾害综合区划研究"，《北京师范大学博士学位论文》，2004。

［54］农业部：《中国农业统计年鉴》，北京：中国统计出版社，2005。

［55］孙卫东、彭子成："解放以来我国农业灾害综述"，《灾害学》，1995，10（3）：64—69。

［56］卜风贤：《中国农业灾害历史演变规律初探》，《古今农业》，1997，4（5）：11—16。

［57］郭涛、谭徐明："中国历史洪水和洪水灾害的自然历史特征"［J］《自然灾害学报》．，1994，3（2）：34—40。

［58］魏一鸣、金菊良、周成虎等：1949—1994年中国洪水灾害成灾面积的时序分形特征"［J］，1998，7（1）：83—86。

［59］魏一鸣、金菊良："洪水灾害研究进展"，《大自然探索》，1998，17（64）：6—10。

［60］周成虎、万庆、黄诗峰等："基于GIS的洪水灾害风险区划研究"，《地理学报》，2000（1）：15—24。

［61］魏成阶、王世新、刘亚岚："1998年全国洪涝灾害遥感监测评估的主要成果"，《自然灾害学报》，2000（2）：16—20。

［62］魏一鸣、金菊良："洪水灾害评估体系研究"，《灾害学》，1997，12（3）：1—5。

［63］魏一鸣、范英、金菊良："洪水灾害风险分析的系统

理论",《管理科学学报》, 2001 (2): 7—10。

[64] 张林鹏、魏一鸣、范英: "基于洪水灾害速评估的承灾体易损性信息管理系统",《自然灾害》, 2002 (4): 66—73。

[65] 高吉喜、潘英姿、柳海鹰等: "区域洪水灾害易损性评价",《环境科学研究》, 2004, 17 (6): 30—34。

[66] 金菊良、魏一鸣、付强等: "洪水灾害风险管理的理论框架探讨",《水利水电技术》, 2002, (33): 40—42。

[67] 陈华丽、陈刚、丁国平: "基于 GIS 的区域洪水灾害风险评价",《人民长江》, 2003, (6): 49—51。

[68] 赵莹: "论我国农业保险的供给体系的构建",《西南财经大学硕士学位论文》, 2005。

[69] 肖勇: "我国农业保险经营模式研究",《湖南农业大学硕士学位论文》, 2003。

[70] 王洪栋: "中国保险制度创新研究",《武汉大学硕士学位论文》, 2004。

[71] 蔡书凯: "中国农业保险的制度研究",《安徽农业大学学位论文》, 2005。

[72] 民政部:《中国民政事业发展报告》 (1996—2004), http://www. china. org. cn/chinese/zhuanti/minzheng/360826. htm.

[73] 李加明: "财税政策对保险巨灾准备金积累的影响",《金融参考》, 1999 (1): 71—74。

[74] 冯文丽: "中国农业保险制度变迁研究",《厦门大学博士学位论文》, 2004。

[75] Cummins J D., Financial Pricing of Property and Liability [A]. In Dionne Georges. Contributions to Insurance Economics [C]. Norwell: Kluwer Academic Publisher, 1992.

[76] Cummins J D., Danzon P M. Price, Financial Quality And Capital Flows in Insurance Markets [J]. Journal of Insurance

Intermediation，1997（6）：3—38.

　［77］Doherty N. A. ，Garven J. R. Price Regulation In Property - Liability Insurance：A Contingent - Claims Approach ［J］. Journal of Finance，1986（41）：1031—1350.

　［78］McCabe G. M. ，Witt R. C. ，Insurance Pricing and Regulation under Uncertainty：A Chance - Constrained Approach ［J］. Journal of Risk and Insurance，1980（47）607—635.

　［79］Milevsky M. A. ，Posner S. E. ，The Titanic Option：Valuation of The Guaranteed Minimum Death Benefit in Variable Annuities and Mutual Funds ［J］. Journal of Risk and Insurance，2001，68（1）：93—128.

　［80］Hibbert，G. A. ，Pilsbury. Hyperventilation：Is It a Cause of Panic Attacks? ［J］. British Journal of Psychiatry，1989（155）：805—809.

　［81］冯文丽："中国农业保险市场失灵与制度供给"，《金融研究》，2004（4）：124—129。

　［82］诺思：《经济史中的结构与变迁》，上海三联书店，1994。

　［83］林毅夫：《关于制度变迁的经济学理论：诱致性变迁与强制性变迁》，上海三联书店，1994。

　［84］戴维斯、诺思：《制度创新的理论：描述、类推与说明》上海三联书店，1994。

　［85］林毅夫："缓解'三农'问题要靠金融创新"《中国农村信用合作》，2006（3）：17。

　［86］何广文："中国农村金融供求特征及均衡供求的路径选择"，《中国农村经济》，2001（10）：40—45。

　［87］农业部：《中国农业发展报告》，中国农业出版社，2000—2005。

［88］中国气象局：《中国气象灾害年鉴》，气象出版社，2000—2005。

［89］周志刚："风险可保性理论与巨灾风险的国家管理"，《复旦大学博士学位论文》，2005。

［90］胡学军："设立中国农业保险公司的构想"，《厦门大学硕士学位论文》，2002。

［91］龙驰："建立农业政策性保险制度——迎接 WTO 的挑战"，《农业经济》，2001（8）：21—23。

［92］中国金融年鉴委员会：《中国金融年鉴》，中国金融出版社，1983—2005。

［93］胡秋明、杜晓希："保险需求的经济分析"，《海南金融》，1998（8）：45—47.

［94］孙祁祥、孙立明："保险经济学研究述评"，《经济研究》，2002（5）：48—57。

［95］庹国柱、C. F. Fremingham：《农业保险：理论、经验与问题》，中国农业出版社，1995。

［96］刘传铭："巨灾风险证券化之巨灾期权定价方法的分析与研究"，《天津大学博士学位论文》，2004。

［97］朱文轶、秦翠莉：《中国巨型电子灾难地图将问世明年将可按图索赔》，http：//news. sohu. com/69/90/news204649069. shtml.

［98］V. Kerry Smith, William H. Desvousges. Risk Perception, Learning, and Individual Behavior［J］. American Journal of Agricultural Economics, 1988（12）：1113—1117.

［99］Boggess, W. K . Amman, and C. Hanson. Importance, Causes, and Management Response to Farm Risks［J］. Southern Journal of Agricultural Economics , 1985（17）：105—116.

［100］Eidman, V . , Planning an Integrated Approach to Farm

Risk Management ［J］. Journal of Agribusiness Management. 1985 (3): 11—16.

［101］Gardner., Causes of U. S. Farm Commodity Programs ［J］. Journal of Political Economy, 1987 (75): 290—310.

［102］Falatoonzadeh, J. Conner, R. Pope, Risk Management Strategies to Reduce Net Income Variability for Farmers ［J］. Southern Journal of Agricultural Economics, 1985 (17): 117—130.

［103］Turvey, An Economic Analysis of Alternative Farm Revenue Insurance Policies ［J］. Canadian Journal of Agricultural Economics, 1992 (40): 403—426.

［104］庹国柱、李军:《国外农业保险:实践、研究和法规》,陕西人民出版社,1997。

［105］Mario. J. Miranda, Peter Helmberger. The Effects of Commodity Price Stabil－Ization Programs ［J］. American Economic Review 1988 (3): 46—58.

［106］Michael T. Belongia. Agricultural Price Supports and Cost of Production: Com－Ment. American Journal of Agricultural Economics, 1983 (8): 620—621.

［107］Carl H. Nelson, Edna T. Loehman. Further Ttoward a Theory of Agricultural Insurance ［J］. American Journal of Agricultural Economics, 1987 (8): 523—531.

［108］龙文军:"农业保险行为主体互动研究",《华中农业大学博士学位论文》,2003。

［109］Syed M. Ahsan, Ali A. Cz Ali, N. John Kurian. Toward a Theory of Agricultural Insurance ［J］. American Journal of Agricultural Economics, 1982 (8): 520—521.

［110］Harvey, J. M., Richards, J. C., Misinterpretation of

Ambiguous Stimuli in Panic Disorder ［J］. Cognitive Therapy and Research, 1993 (17): 235—248.

［112］Frances, A., Miele etc.. The Classification of Panic Disorders: From Freud to DSM – IV ［J］. Journal of Psychiatric Research, 1993, 27 (1): 3—10.

［113］庹国柱、王国军:《中国农业保险与农村社会保障制度研究》, 首都经济贸易大学出版社, 2002。

［114］邵学清:"保险定价发展研究",《广西经济管理干部学院学报》, 2003, 15 (3): 19—22。

［115］毛宏、罗守成、唐国春:"国外保险定价的发展及其对我国的借鉴",《运筹与管理》, 2002, 12 (2): 77—82。

［116］栾存存:"保险定价原则实证分析",《数理统计与管理》, 2001, 20 (1): 37—40。

［117］李冰清、田存志: "保险产品的定价: CAPM 的应用",《当代财经》, 2001, 204 (11): 43—44。

［118］祝向军:《保险商品价格形成的经济学分析》, 中国金融出版社, 2004 年。

［119］邓国、王昂生、周玉淑:"粮食生产风险水平的概率分布计算方法",《南京气象学院学报》, 2002, 25 (4): 481—488。

［120］杨凯、齐中英、孔石: "对巨灾保险定价的探讨",《技术经济与管理研究》, 2005 (6): 23—25。

［121］周玉淑、邓国、齐斌等:"中国粮食产量保险费率的订定方法和保险费率区划",《南京气象学院学报》, 2003, 26 (6): 806—814。

［122］邓国、王昂生、周玉淑等:"中国省级粮食产量的风险区划研究",《南京气象学院学报》, 2002, 25 (3): 373—379。

［123］赵正堂："巨灾保险证券化研究"，《湖南大学硕士学位论文》，2002。

［124］谢丹："巨灾保险证券化与巨灾债券在我国的应用"，《对外经济贸易大学硕士学位论文》，2003。

［125］张科："巨灾风险的证券化与证券的设计"，《西南财经大学硕士学位论文》，2001。

［126］刘莉："巨灾风险证券化研究"，《湖南大学硕士学位论文》，2003。

［127］曲路："巨灾债券研究及其在我国的应用"，《青岛大学硕士学位论文》，2005。

［128］钟桦："道德风险下的最优保险模型研究"，《重庆大学硕士学位论文》，2005。

［129］邵欣炜："基于 VaR 的金融风险度量与管理"，《吉林大学博士学位论文》，2005。

［130］孙祁祥：《中国保险业：矛盾、挑战与对策》，中国金融出版社，2000。

［131］黄禄滨："巨灾风险保险的非传统风险转移方式研究"，《北京大学硕士论文》，2003。

［132］谢根成、车运景："关于农业保险法律制度建设的思考"，《农业经济》，2002（1）：42—44。

［133］俞晓玲、唐书麟："关于农业保险法律建设的几点思考"，《江西行政学院学报》，2002（2）：41—43。

［134］刘荣茂、马林靖："国外农业保险法的启示与借鉴"，《华东经济管理》，2005，19（3）：48—49。

［135］张晓峰："国有投资控股公司组织结构设计"，《西安建筑科技大学硕士学位论文》，2004。

［136］李毅："国有资产管理新体制下的国有控股公司"，《西南财经大学硕士学位论文》，2000。

［137］张硕："国有控股公司运营与监管模式研究"，《中国海洋大学硕士学位论文》，2005。

［138］邓国取："香港雇员援助计划"，《人力资源管理与开发》，2005（5）：75—77。

［139］邓国取："雇员援助计划外包（EAPO）战略研究"，《生产力研究》，2005（12）：209—211。

后　记

　　本书是在我的博士论文的基础上整理而来。在罗剑朝导师的指导和帮助下，我曾经为自己的选题做过反复的思考，最终选择了从制度经济学的角度研究我国农业巨灾保险问题。在这个比较难以驾驭的题目面前，我常常无法驾轻就熟，只能是边学习、边思考和边写作。但无论如何，这本书倾注了我长期的思考与心血。她是在自由与孤独、繁杂与宁静交错的心境中铸成的。在论文的写作中，经历了当初的雄心壮志，更经历了写作进程中的混沌和痛苦，到最后的"清醒"，方才悟出一个道理：学海无涯！当然，用自己熟悉的语言、思维方式、理论框架和表述方式进行学术研究时，我开始深切地感到在事实上置身于学术之内外的尴尬和痛苦。这样，加强数理表述、推理和检验无疑构成了我个人未来研究工作的主要任务，惟其如此，才能够使研究更加严谨。

　　认识我的导师罗剑朝教授比较早，但投入其门下倒是经历了一段令人啼笑皆非的过程，这用命运来解释可能过于玄乎，但用缘分来解释倒是比较恰当。我的毕业论文选题是导师通过电子邮件指导，几经反复最后确定的，论文的开题论证、篇章宏观布局、修改直至最后定稿，都凝聚着导师的智慧、心血和期望。先生在百忙之中，不厌其烦，斧正与探讨、点拨和启发相结合，鼓励学生不断突破自我，追求更高的目标，在此谨致最诚挚的敬意与谢意。先生渊博的学识、开阔的视野、敏锐的思维，令我感悟至深。先生对弟子的要求非常严格，我每每抓住一切可能的机会，从先生的谆谆教导中领悟到了许多。所有这些，吾当心存厚谢，铭刻在心，永世不忘。

感谢西北农林科技大学经济管理学院的王忠贤教授、徐恩波教授、张襄英教授、霍学喜教授、郑少锋教授、贾金荣教授、李录堂教授、王征兵教授、王礼力教授、李世平教授、陆迁教授、姜志德教授和姚顺波教授等，他们在教学、开题、预答辩等过程中给予了我知识、教诲和启迪，我将受益终身。

感谢河南科技大学和河南科技大学经济与管理学院，是他们给予了我宝贵的学习机会。特别感谢河南科技大学经济管理学院的席升阳院长、刘溢海副院长、高百宁副院长、工商管理研究所所长淡华珍教授以及和我曾经朝夕相处的同事们，是他们鼓励我走上学术之路，教给我一些基本的教学和科研方法，为我指出奋斗目标。感谢席升阳教授在百忙之中抽出宝贵的时间欣然给本书作序。

感谢中国农业科学院的徐明岗研究员和李梅菊副研究员，是他们给我提供了在北京的科研机会，使我终身受益。在科研的过程中，得到了湖南农业科学院的杨光立研究员、中国农业科学院文石林副研究员和中国人民大学苗桂山博士等人的大力支持和帮助。还有一起做科研的宋正国、刘平、王宝奇、张茜、张青、李中阳和刘军领等师弟和师妹们，我要说，和你们在一起共同战斗和生活，尽管很苦、很累，但真的很开心，真的很爽！

感谢李培文、张会民、张军、阮锋儿、韩红、武忠远、伏晓东、张建平、刘珺、孟全省、靳明、陈心宇、王青锋、瞿艳平、袁建岐、余顺生、秦宏、张永军、高彦彬、黄天柱、聂强、杨峰、李嘉晓、高波、殷红霞、何建伟、高志杰、叶晓凌、姬雄华、王金照和张显红等博士同学们，与他们一起打球，强健了我的体魄，与他们一起交流，迸发出了许多思想的火花，也尽情享受到了同学间的友情。

　　感谢我的兄弟姐妹们多年来对我的关心和支持。特别要感谢我的爱人秦晓梅女士，宽容我因求学而对家庭责任的懈怠。长期在外求学，她一直默默地支持我，没有任何怨言，与我分担求学的压力和困难，与我分享收获的幸福和快乐。还有我聪明、调皮和可爱的儿子邓楚实，每每电话里甜甜的问候，都会成为我无穷的动力！

　　感谢河南科技大学、河南科技大学学科建设办公室和河南科技大学专著出版基金为本书的出版提供支持！

　　本书的出版得到了中国社会科学出版社的大力支持，特别是冯春凤老师在素昧平生的情况下给予的无私帮助，在此表示感谢！

　　特别值得指出的是，在本书撰写的过程中，尽管投入了大量的精力、付出了艰辛的努力，但是受知识修养和理论水平所限，本书错误与疏漏之处在所难免，恳请学术前辈、专家以及同行学者们，不吝赐教，是作者衷心祈盼的！